Autor _ Hegel
Título _ Fé e saber

Copyright	Hedra 2007
Tradução©	Oliver Tolle
Título original	Glauben und Wissen
Eds.	2007 2010
Corpo editorial	Adriano Scatolin, Alexandre B. de Souza, Bruno Costa, Caio Gagliardi, Fábio Mantegari, Iuri Pereira, Jorge Sallum, Oliver Tolle, Ricardo Musse, Ricardo Valle

Dados

Dados Internacionais de Catalogação na Publicação (CIP)

Hegel, Friedrich (1770–1831)

Fé e saber. / Friedrich Hegel. Tradução e organização de Oliver Tolle. — São Paulo: Hedra, 2009. (Estudos Libertários). 176 p.

ISBN 978-85-7715-067-0

1. Filosofia Alemã. 2. Idealismo. 3. Religião. I. Título. II. Série. III. Tolle, Oliver, Tradutor.

CDU 193
CDD 193

Elaborado por Wanda Lucia Schmidt CRB-8-1922

Direitos reservados em língua portuguesa somente para o Brasil

EDITORA HEDRA LTDA.

Endereço	R. Fradique Coutinho, 1139 (subsolo) 05416-011 São Paulo SP Brasil
Telefone/Fax	+55 11 3097 8304
E-mail	editora@hedra.com.br
Site	www.hedra.com.br

Foi feito o depósito legal.

Autor _ HEGEL
Título _ FÉ E SABER
Organização e tradução _ OLIVER TOLLE
São Paulo _ 2011

Georg Wilhelm Friedrich Hegel (Württemberg, 1770–Berlim, 1831) foi um dos mais importantes e representativos filósofos do Idealismo alemão. Hegel conferiu uma nova dimensão ao sistema conhecido como dialética, ou razão especulativa, no qual a busca pela verdade se desdobra na oposição e conciliação de diferentes teses, cuja origem se encontra nos filósofos gregos. Para ele, os diferentes sistemas filosóficos eram as etapas sucessivas e necessárias do desenvolvimento intelectual humano. Incorporando à filosofia a própria história da filosofia, bem como a história das ideias, da religião e da arte, seu método exerceu grande fascínio sobre o pensamento moderno. Aos 17 anos ingressou no seminário de Tübingen, onde conheceu e travou amizade com Schelling e Hölderlin. Em 1805, com a recomendação de Goethe, foi nomeado professor em Jena. Um ano depois publicou a *Fenomenologia do Espírito*, na qual apresenta, de modo lógico e histórico, as manifestações do espírito desde o despertar da consciência até o saber absoluto. A publicação tem como consequência o rompimento com Schelling e com o ideal romântico da arte como *medium* adequado para a manifestação do divino. *A Ciência da Lógica* (1812-1816), a *Enciclopédia das Ciências Filosóficas* (1817) e a *Filosofia do Direito* (1817-1830) figuram ainda entre as obras mais importantes que publicou em vida. Em 1818, Hegel assumiu a cátedra de filosofia na Universidade de Berlim. Muitos dos cursos que Hegel proferiu ali sobre filosofia da religião, da história e da arte foram publicados postumamente, a partir de suas anotações. Hegel morreu em 1831, vitimado por uma epidemia de cólera.

Fé e Saber (*Glauben und Wissen*, 1802) é uma investigação sobre o lugar que o absoluto e o particular, o infinito e o finito, o condicionado e o incondicionado ocupam nas obras de Kant, Jacobi e Fichte. Segundo Hegel, esses três pensadores conduziram à perfeição o "idealismo da finitude", ao mesmo tempo em que assinalaram as suas limitações teóricas. *Fé e Saber* é a última obra do assim chamado período de juventude de Hegel.

Oliver Tolle é mestre em filosofia pela Faculdade de Filosofia, Letras e Ciências Humanas da Universidade de São Paulo. Tradutor de obras e textos de Hegel e Moritz, entre outros, é professor de filosofia na Universidade Federal de Alagoas.

SUMÁRIO

Introdução, por Oliver Tolle	9
FÉ E SABER	**17**
Fé e saber ou a filosofia da reflexão da subjetividade na completude de suas formas enquanto filosofias kantiana, jacobiana e fichteana	19
A filosofia kantiana	35
A filosofia jacobiana	69
A filosofia fichteana	131

INTRODUÇÃO

O ensaio *Fé e saber* foi publicado em 1802 no *Jornal Crítico de Filosofia*. Criado por Schelling e co-editado por Hegel, o periódico se propunha submeter em suas páginas o pensamento de autores contemporâneos ao escrutínio da razão especulativa, o que significava, em outras palavras, combater as consequências céticas do idealismo transcendental, sem recusar a nova ordem filosófica estabelecida pelo criticismo kantiano. Por ocasião do lançamento do *Jornal*, Hegel escreve que aceitar uma filosofia precedente como a sua, ainda que parcialmente, era algo incomum para a prática filosófica da época:

A liberdade filosófica, o desprezo pela autoridade e a autonomia do pensamento parecem ter prosperado tanto entre nós que seria considerado uma vergonha chamar-se a si de filósofo segundo uma filosofia já existente; o pensamento autônomo acredita que deve se manifestar única e somente com a originalidade de quem inventa um sistema inteiramente próprio e novo.[1]

Como se sabe, a filosofia hegeliana foi muitas vezes censurada pela parcimônia com que se dedicou aos seus oponentes intelectuais, mostrando-se demasiado contida ao nomear seus objetos de crítica, tampouco fazendo jus à ordem dos argumentos por eles apresentados. Se é verdadeiro que sistemas filosóficos não podem comportar outros sistemas no seu interior, por força de colocar em risco sua própria estabilidade e coerência, é necessário todavia

---

[1] Hegel, *Werke*, 2/176 (a redação deste texto contou com a participação de Schelling).

defender que Hegel, ao menos na obra de juventude, se empenhou para passar em revista o pensamento de seus contemporâneos. Foi assim, por exemplo, com *Diferença entre os sistemas filosóficos de Fichte e Schelling*, de 1801, e os diversos artigos e resenhas que redigiu para o *Jornal*.

Como há muito já demonstrou a literatura especializada, porque contém a gênese de questões fundamentais que serão tratadas posteriormente, a produção inicial de Hegel constitui uma das melhores vias de acesso à obra da maturidade. Sem ela, torna-se quase irresistível fazer coro aos apologistas do "obscurantismo" hegeliano. O fato é que a dificuldade que o leitor encontra ao se debruçar sobre os textos de Hegel decorre principalmente da ordem de problemas colocados pelo idealismo alemão. Assim, não apenas pela sua proximidade com a *Fenomenologia do espírito* (1807) — Hegel começou a escrever a sua obra fundamental no mesmo momento em que concluía *Fé e saber* —, mas principalmente porque se propõe examinar a relação entre fé e razão na obra de três autores então ainda vivos — Kant, Jacobi e Fichte —, o ensaio pode ser visto como uma antecâmara para o nascimento da filosofia do espírito absoluto.

***

A história nos ensina que um dos últimos e mais decisivos confrontos entre fé e razão foi travado na era moderna, mais precisamente no Iluminismo. E, se certamente não teria sentido afirmar a prevalência de uma ou de outra, reconhece-se facilmente a cisão que se estabeleceu a partir de então entre elas. Não porque o conteúdo da fé deixou de ser objeto de investigação do pensamento ou porque a razão não está mais a serviço da fé e não tem mais o compromisso de conciliar seu discurso com o dela. A questão seria mais simples se se tratasse tão-somente de uma incompatibilidade entre palavra revelada e autonomia da razão, a última procurando se desvencilhar da autoridade da primeira.

Sem dúvida, a progressiva ascensão das ciências naturais teve êxito em colocar as instituições religiosas à margem da discussão filosófica e em garantir certa liberdade à prática do conhecimento. Mas essa separação foi, por assim dizer, apenas a manifestação superficial de uma mudança mais profunda, que consistiu em avaliar sob quais condições a razão pode afirmar a validade de um conhecimento que ultrapassa a experiência. Assim, a querela entre fé e saber não se esgota naquele conhecido confronto entre as instituições religiosas e um pensamento libertário insurgente; uma mudança nos rumos desse enfrentamento ocorre com a filosofia crítica de Kant, quando a sua tentativa de delimitação precisa do poder das faculdades cognitivas humanas resultou em um claro impedimento ao conhecimento do absoluto e do divino. Pois, segundo Kant, não há nada nessas faculdades, essencialmente dependentes em relação à experiência, que possibilite provar a existência de Deus.

A filosofia kantiana representa o posicionamento acabado de uma razão que se pretende autônoma, isto é, capaz de orientar as suas decisões com base apenas em escolhas realizadas na interioridade do sujeito. Nela está contido o juízo de que não é acessível ao homem o conhecimento do divino, porque na ausência de evidências tanto empíricas como transcendentais, não é legítimo afirmar a sua existência. Ora, para Kant a razão não precisa se apoiar em Deus para conferir validade ao mundo dos fenômenos, uma vez que é ela própria que determina o modo como esse mundo é conhecido. Assim, ao mesmo tempo em que recoloca a razão no centro do saber, Kant rompe com a continuidade da tradição racionalista de seus predecessores, na medida em que para ele o divino e o absoluto já não se impõem

INTRODUÇÃO

mais como necessidade metafísica para a fundamentação do conhecimento.

A situação estaria resolvida se Kant estivesse conferindo apenas outros matizes à conclusão cética, tomada de empréstimo ao pensamento de Hume, de que a afirmação da existência Deus é o sintoma do reconhecimento de uma limitação cognitiva e da ausência de qualquer garantia para a ação do homem no mundo. Mas não é esse o caso. Se a razão está comprovadamente impedida de afirmar o conhecimento do absoluto, uma marca de sua finitude, para Kant ela não pode todavia renunciar a Deus quando precisa romper o invólucro de sua subjetividade autocentrada e passar para a ação, a qual exige dela uma orientação que não pode encontrar na solidão de sua interioridade ou mesmo no mundo dos fenômenos. Isso significa dizer que a despeito da demonstração do absoluto ser uma impossibilidade radicada na limitação cognitiva, a razão necessita de objetos que estão no domínio da fé – a liberdade, a imortalidade da alma e Deus – para guiar a sua ação no mundo. Deus é então novamente inserido no sistema como objeto da fé, mais propriamente uma fé da razão (*Vernunftglaube*), um objeto que não é demonstrado racionalmente, mas postulado como necessário. Diz Kant que, para salvaguardar a ação moral do sujeito no mundo, teve de "suprimir o *saber* para encontrar lugar para a fé".[2]

Jacobi foi o primeiro a perceber essa ambiguidade do idealismo transcendental kantiano. Para ele, trata-se de um contra-senso que uma razão ao mesmo tempo incapaz de demonstrar a existência de Deus seja obrigada a aceitar esse mesmo Deus como instância reguladora de suas ações morais. Não que Jacobi esteja com isso querendo recuperar velhos valores metafísicos para Deus ou mesmo

---

[2] Kant, *Crítica da razão pura*, B XXX.

que esteja renunciando ao papel da divindade para o conhecimento humano. Pelo contrário, ele reconhece em Kant uma nova ordem filosófica, capaz de dissolver a oposição anterior entre racionalismo e ceticismo, mas extrai dela consequências ainda mais severas. Pois, conclui ele, feitas as devidas correções no idealismo kantiano, então seremos imediatamente confrontados com a dimensão da ignorância humana, que certamente, como afirmou Kant, não pode afirmar a existência de objetos exteriores, mas tampouco – e é nisso que Jacobi tanto insiste – pode conferir validade às representações que faz desses mesmos objetos.

Em um nível mais profundo, o que está em jogo aqui é a noção de objeto transcendental. Para Kant, é insustentável a afirmação da existência de objetos exteriores, como *coisas em si* mesmas, já que o sujeito não é capaz de conhecê-las como tal, mas só como *fenômenos*. Mas se não é o objeto externo quem nos fornece a informação de que é um objeto, isto é, uma entidade isolada das demais, só resta que somos nós que a fornecemos. Não podendo advir dos fenômenos, a condição de objeto está necessariamente para além do sensível, o que quer dizer que ela é transcendental.

Jacobi não aceita essa transposição do exterior para o interior; para ele, é na impossibilidade de detectar um alicerce seguro para o conhecimento, seja aquém ou além dos sentidos, que reside a importância da filosofia kantiana. A saída que Jacobi propõe para esse impasse criado pela polaridade sujeito e objeto consiste em reconhecer na razão um fundamento instintivo, isto é, situado fora do alcance da cognição humana, que faz nascer da ausência a fé em um extra-mundano.

Será Fichte quem tentará reagrupar os principais elementos da filosofia kantiana.

Declaro aqui publicamente que o espírito mais íntimo e a alma de minha filosofia é que o homem não tem em geral nada além da experiência e que ele chega a tudo aquilo a que chega somente pela experiência, pela vida mesma. Todo o seu pensamento, seja avulso ou científico, comum ou transcendental, parte da experiência e visa de novo a experiência. [...] Essa é a tendência de minha filosofia. Essa mesma é a da de Kant, que pelo menos sobre este ponto não me renegará; esta é a de um reformador da filosofia, contemporâneo de Kant, Jacobi, que, se quisesse estender-me, mesmo que fosse unicamente sobre este ponto, não faria mais tantas queixas de meu sistema.[3]

Assim, Fichte figura como o terceiro elo do idealismo transcendental. A sua base comum é a aceitação do argumento empirista da total dependência do conhecimento em relação à experiência, ao mesmo tempo em que estabelece o sujeito como condição do conhecimento – sujeito que o empirismo via como um mero *construto* da experiência. Fichte faz sua a crítica de Jacobi à noção kantiana de *coisa em si*. Ora, mas se Jacobi conclui dela a ausência de qualquer fundamento sólido, Fichte, ao contrário, acentua o subjetivismo da filosofia kantiana, substituindo a oposição sujeito-objeto pela identidade do sujeito consigo mesmo, EU = EU, que resulta num absoluto instaurado inteiramente no âmbito da subjetividade.

Para Hegel, o pensamento fichteano constitui o ponto mais alto daquilo que denomina de *filosofia da subjetividade*, a qual, ao mesmo tempo em que conduziu à perfeição a escola de pensamento iniciada com Kant, esgotou todas as suas possibilidades teóricas. De um ponto de vista formal, essa escola, que enfatiza o papel do sujeito na aquisição do conhecimento, encontra-se diametralmente oposta ao empirismo humeano. Mas se Hume esvazia

[3] J. G. Fichte, "Comunicado claro como o sol ao grande público, onde se mostra em que consiste propriamente a novíssima filosofia", (Trad. Rubens Rodrigues Torres Filho). Em *Os Pensadores*, São Paulo, Abril Cultural, (1799), 1973, p. 67.

OLIVER TOLLE

a importância do sujeito e de sua racionalidade, a filosofia da subjetividade desmaterializa o mundo dos objetos, tornando-o quase uma instância irreal. Assim, ela é forçada a produzir resultados tão céticos quanto aqueles do último empirismo: no âmbito do saber ambos são levados a negar o conhecimento do absoluto e do incondicionado.

Na concepção de Hegel, Kant, ao demarcar o território da fé, a crença em um absoluto, para além do contorno definido pelo alcance da razão, tornou impossível a conciliação do sujeito com o mundo circundante. Ora, Hegel quer justamente mostrar é que se o ceticismo a que Hume chegara anos antes tinha a forma de uma objetividade destituída de sujeito, então a filosofia da subjetividade desses três autores era o seu antagonista direto, mas justamente por isso preso às mesmas regras do jogo. Enfatizar qualquer um dos lados da oposição sujeito-objeto deve conduzir consequentemente a um beco sem saída teórico. Como se lê no parágrafo final de *Fé e saber*, o efeito dessa oposição é a sensação de que *Deus está morto*.

***

Tomou-se como texto-base para a tradução a edição alemã organizada por G. Lasson (*Glauben und Wissen*, Verlag v. Felix Meiner, 1962). Também foi consultada a edição organizada por H. Brockard e H. Buchner *(Jenaer Kritische Schriften* III, Verlag v. Felix Meiner, 1986). Sempre que necessário buscamos auxílio à tradução francesa de A. Philonenko e C. Lecouteux (*Foi et Savoir*, Librairie Philosophique J. Vrin, 1988), à inglesa de W. Cerf e H. S. Harris (*Faith and Knowledge*, State University of New York Press, 1977) e à espanhola de Vicente Serrano (*Fe y saber*, Biblioteca Nueva, 2000).

FÉ E SABER

FÉ E SABER
ou a filosofia da reflexão da subjetividade na completude de suas formas enquanto filosofias kantiana, jacobiana e fichteana

A cultura elevou a época recente tão acima da antiga oposição entre razão e fé, entre filosofia e religião positiva, que essa contraposição entre fé e saber ganhou um sentido inteiramente outro e sofreu um deslocamento no interior da filosofia ela mesma. Que a razão seja uma criada da fé, como se dizia em outras épocas e contra o que a filosofia afirmava insuperavelmente a sua absoluta autonomia — semelhantes idéias ou expressões desapareceram e a razão, embora diferente daquilo a que se atribui esse nome, tornou-se tão válida na religião positiva, que mesmo uma contenda da filosofia contra o positivo, o milagre e coisas semelhantes é considerada algo sem importância e obscuro e que Kant, com a sua tentativa de vivificar a forma positiva da religião mediante um significado tomado de sua filosofia, não teve nenhum êxito, não porque o sentido peculiar daquelas formas foi alterado, e sim porque essas mesmas formas também não pareciam mais dignas dessa honra. Permanece, contudo, a questão de se a vitoriosa razão não sofreu justamente o mesmo destino que o poderio vitorioso das nações bárbaras costuma ter diante das forças derrotadas de nações mais instruídas: conservar o domínio externo na mão superior, mas submeter o espírito aos vencidos. A vitória gloriosa que a razão esclarecida obteve diante daquilo que ela, de acordo com a limitação de sua compreensão religiosa, considera contraposto a si mesma como fé é, examinada cuidadosamente, nenhuma outra senão a de que ela não permaneceu razão, nem o positivo, contra o qual lutava, permaneceu religião; tampouco quer dizer que ela, vencedora, permaneceu razão, e o nascimento que paira triunfante sobre esse cadáver, enquanto o filho em comum da paz que a ambos unifica, tem em si tão pouco de razão quanto de fé autêntica. A razão — que desse modo já tinha descido em si e por apreender a religião apenas como algo positivo, mas não idealmente — não pôde fazer nada de melhor depois da luta do que daqui para diante olhar para si mesma, chegar ao seu conhecimento de si, reconhecendo o seu não-ser ao pôr, já que é apenas entendimento, o que é melhor do que ela em uma *fé fora* e *acima* de si, como um *para-além*, tal como aconteceu nas *filosofias de Kant, Jacobi* e *Fichte*, e reconhecendo que ela se fez novamente criada de uma fé. Segundo *Kant*, o supra-sensível é incapaz de ser conhecido pela razão, a idéia suprema não tem simultaneamente realidade. Segundo *Jacobi*, a razão se envergonha de mendigar, e para cavar ela não tem nem mãos nem pés,[1] ao homem é dado apenas o sentimento e a consciência de sua ignorância do verdadeiro, apenas o pressentimento do verdadeiro na razão, a qual é tão-somente instinto e algo universalmente subjetivo. Segundo *Fichte*, Deus é algo inconcebível e impensável, o saber não sabe nada senão que ele sabe nada e que deve buscar refúgio na fé. E para todos eles o absoluto, segundo a antiga distinção, não pode ser contra e tampouco para a razão, mas ele está acima da razão. — O procedimento negativo do Esclarecimento, cujo lado positivo era infrutífero na sua afetação presunçosa, forneceu para si uma semente, pois apreendeu a sua negatividade ela mesma e, em parte, se livrou da vanidade mediante a pureza e a infinitude do negativo e, em parte, justamente

[1] Jacobi, *Obras*, vol. IV, parte 1, p. 214.

por isso pode ter para o saber positivo apenas algo infinito e empírico, mas pode ter o eterno apenas como um para além; de modo que o eterno é vazio para o conhecer, e esse espaço vazio e infinito do saber só pode ser preenchido com a subjetividade do anelo e da pressuposição; e o que de resto valia como a morte da filosofia, que a razão deveria renunciar ao seu ser no absoluto, excluir-se pura e simplesmente dele e relacionar-se apenas negativamente com ele, tornou-se daqui por diante o ponto supremo da filosofia; e o não-ser do Esclarecimento, ao tornar-se consciente disso, tornou-se sistema.

Filosofias imperfeitas, por serem imperfeitas, pertencem em geral imediatamente a uma necessidade empírica e, por isso, é possível compreender a face da sua imperfeição a partir delas e nelas mesmas. O empírico, que está no mundo como efetividade ordinária, existe nessas filosofias em unidade com a consciência e na forma do conceito, e assim elas são justificadas. O princípio subjetivo comum às filosofias mencionadas anteriormente não é, em parte, de modo algum a forma limitada do espírito de um período curto ou de um grupo pequeno; em parte, a potente forma espiritual, que é o seu princípio, tem sem dúvida nela a perfeição de sua consciência e de sua formação filosófica, e alcançou a expressão consumada do seu conhecimento.

A grande forma do espírito do mundo, que se reconheceu naquelas filosofias, é o princípio do Norte e, de um ponto de vista religioso, no caso do protestantismo, é a subjetividade, na qual a beleza e a verdade se apresentam em sentimentos e mentalidades, no amor e no entendimento. A religião constrói no coração do indivíduo os seus templos e altares, e suspiros e orações procuram o Deus cuja intuição lhes é negada, porque existe o perigo do entendimento, entendimento que reconheceria o intuído como coisa, o bosque sagrado como troncos de madeira. Na verdade, também o interior deve se tornar exterior, a intenção deve obter efetividade na ação, o sentimento religioso imediato se expressar no movimento exterior e a crença, que se refugia na objetividade do conhecimento, tornar-se objetiva em pensamentos, conceitos e palavras. Mas o objetivo separa o entendimento precisamente do subjetivo, tornando-se aquilo que não tem nenhum valor e que não é nada, assim como a luta da beleza subjetiva deve resultar justamente em assegurar-se adequadamente contra a necessidade, a partir da qual o subjetivo se torna objetivo. E que a beleza demonstra querer se tornar real nele, ser atribuída à objetividade, e a consciência se dirigir ela mesma para a exposição e a objetividade, configurar o fenômeno ou mover-se nele configurado. Tudo isso deveria ser descartado, pois se tornaria um excesso perigoso e, porque o entendimento poderia torná-lo em coisa, tanto um mal-estar quanto o belo sentimento, que passasse para uma intuição indolor, poderia ser considerado uma superstição.

Esse poder, que é conferido ao entendimento pela beleza subjetiva e que parece contradizer inicialmente o seu anelo, o qual voa para além do finito e para o qual o entendimento não é nada, esse poder é tanto um lado necessário quanto esforçar-se contra ele, na exposição das filosofias desta subjetividade. É exatamente por meio de sua fuga diante do finito e da fixidez da subjetividade que o belo se torna para a subjetividade coisas em geral; o bosque, troncos de madeira; as imagens, coisas que têm olhos e não vêem, ouvidos e não ouvem; se os ideais não podem ser tomados na realidade completamente inteligível como blocos de madeira e pedras, tornam-se ficções, e cada referência a eles aparece como jogo destituído de essência, como dependência de objetos e como superstição.

Mas, ao lado desse entendimento que vê apenas finitude em todos os lugares da verdade do ser, a religião, como sentimento — o amor eternamente pleno de anelo —, tem o seu lado sublime. Este consiste em ela não permanecer presa a nenhuma intuição ou deleite passageiro, embora anseie por beleza e bem-aventurança eternas. Como anseio, ela é algo subjetivo; mas o que ela procura, e não lhe é dado no olhar, é o absoluto e o eterno. Todavia, se o anseio encontrasse o seu objeto, então a beleza temporal de um sujeito, como a de um singular, seria a bem-aventurança, a perfeição de uma essência pertencente ao mundo. Na medida em que efetivamente se singulariza, ela não seria nada de belo; mas como o corpo puro da beleza interior, a existência empírica cessa ela mesma de ser temporal e algo próprio. Como ação, a intenção permanece imaculada por sua objetividade, e o ato, bem como o deleite, não se elevarão por meio do entendimento a algo contrário à verdadeira identidade do interior e do exterior; o conhecimento supremo seria aquele que fosse esse corpo, no qual o indivíduo não seria um singular e o anseio alcançaria a intuição completa e o deleite bem-aventurado.

Depois de chegado o tempo, o anseio infinito para além do corpo e do mundo teria se reconciliado com a existência, mas de tal modo que a realidade, com a qual se deu a reconciliação — o objetivo que foi reconhecido pela subjetividade —, era efetivamente apenas existência empírica, mundo e efetividade ordinários. Por conseguinte, essa reconciliação ela mesma não perdeu o caráter da contraposição absoluta que reside no belo anelo, mas se lançou para o outro lado da oposição, para o mundo empírico; e, se em virtude de sua necessidade natural cega, ela já estava, por seu lado, segura e firme em seus fundamentos absolutamente internos, ela carecia, contudo, de uma forma objetiva para esse fundamento. Destituída de consciência, a certeza de imergir na realidade da existência empírica deve, justamente segundo a

FÉ E SABER

necessidade natural, procurar se ajudar a encontrar simultaneamente a justificação e uma boa consciência. Para a consciência, essa reconciliação se realizou na doutrina da bem-aventurança, de modo que o ponto fixo de que se parte, o sujeito empírico e aquilo com que ele é reconciliado, é igualmente a efetividade ordinária na qual ele pode depositar a sua confiança e para a qual ele pode se entregar sem pecado. A rudeza profunda e a maldade plena, como o fundamento interno dessa doutrina da bem-aventurança, têm tão-somente a sua elevação no fato de que o sujeito empírico se esforça por obter uma justificação e uma boa consciência, a qual — pois, como o empírico é absoluto, ele não é possível para a razão por meio da idéia — pode alcançar tão-somente a objetividade do entendimento e o conceito, objetividade cujo conceito se apresentou em sua abstração suprema na assim chamada razão pura.

O dogmatismo dessa mania de Esclarecimento[2] e do eudemonismo não consistia, portanto, em fazer da bem-aventurança e do deleite o supremo, pois se a bem-aventurança é compreendida como idéia, ela deixa de ser algo empírico e contingente, bem como algo sensível. O fazer racional e o deleite supremo são unos na existência suprema, e querer apreender a existência suprema pelo lado de sua idealidade, que só quando isolada pode ser chamada de fazer racional, ou pelo lado de sua realidade, que só quando isolada pode ser chamada de deleite e sensação, é completamente indiferente quando a bem-aventurança suprema é a idéia suprema, pois o fazer racional e o deleite supremo, a idealidade e a realidade, estão ambos de igual maneira nela e são idênticos. Cada uma das filosofias não apresenta nada, senão que constrói a suprema bem-aventurança como idéia, na medida em

---

[2] *Aufklärerei* e não *Aufklärung* (*Esclarecimento*): o sentido aqui é pejorativo.

que o deleite supremo é conhecido por meio da razão; a diferenciabilidade de ambos é imediatamente removida, na medida em que são tomados um dentro do outro o conceito e a infinitude, que são dominantes no fazer, e a realidade e a finitude, que são dominantes no deleite. A polêmica contra a bem-aventurança se tornaria um palavrório vazio se essa bem-aventurança fosse reconhecida como o deleite bem-aventurado da intuição eterna. Mas, a saber, aquilo que se denominou eudemonismo, uma bem-aventurança empírica, um deleite do sentimento, não entendeu a intuição e bem-aventurança eternas.

A essa absolutidade da essência empírica e finita se contrapõe tão imediatamente o conceito ou a infinitude, que um é condicionado pelo outro e um com o outro; porque se um é absoluto em seu ser para si, também é o outro, e o terceiro é o verdadeiramente primeiro, o eterno para além dessa oposição. O infinito, o conceito, como vazio em si, o nada, obtém seu conteúdo mediante aquilo a que está relacionado em sua contraposição, a saber, a bem-aventurança empírica do indivíduo, sob qual unidade do conceito — cujo conteúdo é a singularidade absoluta — deve ser posto tudo e contar como sua toda e qualquer forma de beleza e expressão de uma idéia, sabedoria e virtude, arte e ciência; ou seja, fazer de tudo algo que não é em si — pois o único em-si é o conceito abstrato daquilo que não é idéia, mas singularidade absoluta — chama-se sabedoria e ciência.

Segundo o princípio firme deste sistema da cultura [*Bildung*], de que o finito é em si, para si, absoluto e é a realidade única, encontra-se, portanto, de um lado o finito e o singular, eles mesmos na forma da multiplicidade, e nesta é lançado tudo o que é religioso, ético e belo, porque o finito é capaz de ser apreendido pelo entendimento como um singular; do outro lado está justamente essa finitude absoluta na forma do infinito, como conceito da bem-aventurança.

O infinito e o finito, que não devem ser postos de modo idêntico na idéia, pois cada um é absoluto por si mesmo, estão desse modo contrapostos na relação de dominação, pois na oposição absoluta dos mesmos o conceito é o determinante. Mas o eterno se encontra acima dessa oposição absoluta e das identidades relativas da dominação e da capacidade empírica de compreensão; por ser a oposição absoluta, esta esfera é o que não deve ser levado em conta, o incompreensível, o vazio; um Deus que não pode ser conhecido, que se encontra para além do umbral da razão; uma esfera que não é nada para a intuição, pois a intuição é aqui apenas uma intuição sensível e limitada; de igual modo ela não é nada para o deleite, pois há apenas bem-aventurança empírica; ela também não é nada para o conhecer, pois o que se chama razão não é nada mais do que considerar tudo segundo a singularidade, nada mais do que subordinar toda idéia à finitude.

Esse caráter fundamental do eudemonismo e do Esclarecimento, que converteu a bela subjetividade do protestantismo numa subjetividade empírica e converteu a poesia de sua dor, que desdenha qualquer reconciliação com a existência empírica, na prosa da satisfação com esta finitude e acima da boa consciência — que relação esse caráter obteve na filosofia kantiana, jacobiana e fichteana? Essas filosofias se afastam tão pouco desse caráter que, ao contrário, apenas o aperfeiçoaram ao máximo. A sua direção consciente vai imediatamente contra o princípio do eudemonismo; mas, por serem nada senão essa orientação, o seu caráter positivo é aquele princípio ele mesmo, de modo que a modificação que essas filosofias introduzem no eudemonismo só fornece à sua formação [*Bildung*] um aperfeiçoamento, o qual é em si indiferente para a razão e a filosofia, para o princípio. Permanece nessas filosofias o ser absoluto do finito e da realidade empírica e a contraposição absoluta do infinito e do finito, e o que é ideal é compreendido apenas como conceito. Quando este conceito é posto positivamente, permanece tão-somente a identidade relativa possível entre eles, o domínio mediante o conceito daquilo que aparece como real e finito, a que pertence ao mesmo tempo tudo o que é belo e ético. Mas se o conceito é posto como negativo, então a subjetividade do indivíduo existe em forma empírica, e o domínio ocorre não por meio do entendimento, mas como uma força e fraqueza naturais das subjetividades uma contra a outra. Acima dessa finitude absoluta e infinitude absoluta, o absoluto permanece como uma vacuidade da razão, da incompreensibilidade rígida e da fé, a qual, em si mesma destituída de razão, se diz racional porque cada razão limitada por sua absoluta contraposição reconhece um mais elevado acima de si, do qual ela se exclui.

Na forma do eudemonismo, o princípio de uma finitude absoluta ainda não tinha alcançado a perfeição da abstração, na medida em que, pelo lado da infinitude, o conceito não é posto puramente, mas, preenchido com um conteúdo, se coloca como bem-aventurança. Por não ser puro, o conceito está em igualdade positiva com o seu contrário, pois aquilo que constitui o seu conteúdo é justamente a realidade, posta aqui na forma de conceito, a qual é, por outro lado, multiplicidade, de modo que nenhuma reflexão antecede a contraposição ou a contraposição não é posta objetivamente, nem o empírico é posto como negatividade para o conceito, nem o conceito é posto como negatividade para o empírico, nem o conceito é posto como o negativo em si. Na perfeição da abstração, contudo, a reflexão sobre esta contraposição ou a contraposição ideal são objetivas e cada uma é posta como algo que não é o que o outro é; a unidade e o múltiplo aparecem aqui um diante do outro como abstrações, por meio do que então os contrários têm um diante do outro ambos os lados da positividade e da negatividade, de modo que o empírico é simultaneamente algo absoluto para o conceito e um nada absoluto. Segundo aquele lado, elas são o empirismo de outrora e, segundo este lado, simultaneamente idealismo e ceticismo; o primeiro elas chamam de filosofia prática, o segundo de teórica; naquele o empírico tem realidade absoluta para o conceito de filosofia ou em si e para si mesmo, neste o saber do mesmo é nada.

No interior deste princípio fundamental comum — da absolutidade da finitude e da oposição absoluta que daí resulta entre finitude e infinitude, entre realidade e idealidade, entre sensível e supra-sensível, e do que está para além do verdadeiramente real e absoluto — *essas filosofias* formam novamente oposições entre si, e na verdade *a totalidade das formas possíveis para o princípio*. A filosofia kantiana estabelece o lado objetivo de toda essa esfera: o conceito absoluto, pura e simplesmente essente por si como razão prática, é a suprema objetividade no finito e é postulada como ideologia em si e para si. A filosofia jacobiana é o lado subjetivo: ela transfere a oposição e o ser idêntico absolutamente postulado para a subjetividade do sentimento como um anseio infinito e uma dor incurável. A filosofia fichteana é a síntese de ambas: assim como Kant, ela reivindica a forma da objetividade e dos princípios, mas põe o conflito dessa objetividade pura contra a subjetividade simultaneamente como um anseio e uma identidade subjetiva. Em Kant, o conceito infinito é posto em si e por si e apenas isso é reconhecido pela filosofia; em Jacobi, o infinito aparece afetado pela subjetividade, como instinto, impulso, individualidade; em Fichte, o infinito afetado pela subjetividade é tornado novamente objetivo como dever [*Sollen*] e anelo.

Quanto mais diametralmente essas filosofias se contra-

HEGEL

puseram ao eudemonismo, tanto menos se afastaram dele. É a sua única tendência pura e simplesmente expressa — e um princípio dado por elas — elevar-se acima do subjetivo e empírico e reivindicar para a razão o seu ser absoluto e a sua independência diante da efetividade ordinária. Todavia, porque essa razão tem pura e simplesmente apenas esta orientação contra o empírico, o infinito em si é apenas em relação ao finito, então essas filosofias, na medida em que combatem o empírico, permaneceram imediatamente em sua esfera. A filosofia kantiana e a fichteana se elevaram ao conceito, mas não à idéia; e o conceito puro é a idealidade e vacuidade absolutas, que têm o seu conteúdo e suas dimensões tão-somente na relação com o empírico e, com isso, por meio do mesmo, fundamentando precisamente o empirismo moral e científico absoluto que tanto censuram no eudemonismo. A filosofia jacobiana não recorre ao desvio que consiste em separar o conceito da realidade empírica e, então, deixar que o conteúdo seja dado de novo ao conceito justamente por esta realidade empírica, além da qual não há nada para o conceito senão a sua aniquilação. Mas, já que o seu princípio é imediatamente subjetividade, ela é eudemonismo imediato, apenas com o adendo da negatividade, na medida em que reflete sobre o fato de que o pensamento, que o eudemonismo ainda não reconhece como o ideal, ou seja, como o negativo para a realidade, não é nada em si.

Se as manifestações científicas precedentes desse realismo da finitude (pois, no que diz respeito às não científicas, se encontra dentro dele todo fazer e impulso da cultura [*Kultur*] mais recente), a saber, o lockeanismo e a doutrina da bem-aventurança, transformaram a filosofia em psicologia empírica, elevaram o ponto de vista de um sujeito e a finitude pura e simplesmente essente ao primeiro e mais alto ponto de vista. Perguntaram e responderam o que é o universo segundo um cômputo inteligível para uma subjetividade senciente e consciente ou para uma razão imersa na finitude e despojada da intuição e do conhecimento do eterno.

Então, a consumação e a idealização dessa psicologia empírica são as três filosofias mencionadas, psicologia que consiste no reconhecimento de que o empírico é o conceito infinito pura e simplesmente contraposto, e a esfera dessa oposição, um elemento finito e um elemento infinito, é absoluta (mas se a infinitude é contraposta à finitude, então uma é tão finita quanto a outra); acima das mesmas, para além do conceito e do empírico, está o eterno, mas a faculdade de conhecer e a razão são tão-somente esta esfera. Em semelhante razão, que apenas pensa finitamente, revela-se sem dúvida que ela pensa apenas o finito; na razão, como impulso e instinto, descobre-se que ela não pode pensar o eterno. O idealismo — que, na dimensão subjetiva, a saber, na filosofia jacobiana, só pode ter a forma de um ceticismo, e nem mesmo a de um ceticismo verdadeiro, porque aqui o pensamento puro é posto apenas como subjetivo (em oposição a isso, o idealismo consiste em ser ele mesmo o objetivo) — de que essas filosofias são capazes é um idealismo do finito, não no sentido de que o finito é nada nessas filosofias, mas de que o finito é tomado na forma ideal; com o finito real é posta absolutamente e de igual modo a ambos a idealidade finita, quer dizer, o conceito puro, uma infinitude absolutamente contraposta à finitude.

Disso resulta a certeza única e em si de que um sujeito pensante é uma razão afetada pela finitude, e a filosofia inteira consiste em determinar o universo para essa razão finita. A assim chamada crítica das faculdades de conhecimento de Kant, que não é em Fichte sobrevôo da consciência e vir a ser transcendental, e em Jacobi é um empreendimento nada impossível para a razão, não significa nada senão limitar absolutamente a razão à forma da finitude e não esquecer, em todo conhecimento racional, a absolutidade do sujeito e fazer da limitação a lei e o ser eternos tanto em si como para a filosofia. Por conseguinte, não há o que ver nessas filosofias senão a elevação da cultura [*Kultur*] da reflexão à condição de sistema — uma cultura [*Kultur*] do entendimento humano ordinário, que se eleva até o pensamento de um universal mas, porque ele permanece entendimento ordinário, toma um conceito infinito como pensamento absoluto e deixa o seu intuir outro do eterno e o conceito infinito pura e simplesmente um fora do outro —; seja porque ele renuncia em geral àquele intuir e se detém no conceito e no empírico, seja porque ele tem ambos, mas não os unifica, não pode nem assumir o seu intuir no conceito, nem aniquilar o conceito e o empíreo. O martírio de uma natureza melhor diante dessa limitação ou contraposição absoluta expressa-se por meio do anseio e do anelo, da consciência de que ela é limitação da qual não pode sair, como uma fé em um para-além dessa limitação. Todavia, como incapacidade perene, ao mesmo tempo impossibilidade de se elevar acima da limitação para o âmbito em si mesmo da razão, claro e desprovido de anseio.

Já que o ponto de vista firme, que o tempo onipotente e a sua cultura fixaram para a filosofia, é uma razão afetada pela sensibilidade, então aquilo de que pode partir essa filosofia não é o conhecimento de Deus, mas, como se diz, o homem. Esse homem e a humanidade são o seu ponto de vista absoluto, a saber, como uma finitude insuperável e fixa da razão; não como reflexo da beleza eterna, como foco espiritual do universo, mas como uma sensibilidade absoluta que todavia tem a capacidade da fé de se revestir aqui e acolá com um supra-sensível que lhe é estranho. Assim como se a arte, limitada ao retratar, tivesse o seu aspecto ideal por trazer nos olhos de um rosto comum ainda um anseio, na sua boca ainda um sorriso melancólico, mas a ela seria negado exibir os deuses sublimes que estão acima do anseio e da melancolia, como se a exibição de imagens eternas fosse possível apenas às despensas da humanidade, então a filosofia não deve exibir a idéia do homem, mas o *abstractum* da humanidade empírica misturada com a limitação, e trazer a estaca da posição absoluta fincada em si mesma imóvel. Na medida em que ela ganha clareza sobre a sua limitação ao sensível, quer analisar este seu *abstractum* ou abandonar-se inteiramente do modo espiritual mais belo e comovente, adornando-se simultaneamente com a cor superficial de um supra-sensível, na medida em que a fé aponta para um superior. Contudo, a verdade não pode ser enganada por tal sacralização da finitude, que permanece existindo, pois a verdadeira sacralização precisaria aniquilá-la. Se o artista, que não é capaz de exibir a efetividade porque deixa a luz etérea incidir sobre ela e assume a efetividade inteiramente para dar a verdade verdadeira [*wahre Wahrheit*], mas é capaz apenas de exibir a efetividade em si e por si, tal como ela é chamada ordinariamente de realidade e verdade, sem todavia ser nem uma nem outra — se o artista busca refúgio em um meio comovente contra a efetividade, o meio do anseio e da sentimentalidade, e em tudo enche as faces de lágrimas em virtude da maldade e suspira um "oh, Deus!", mediante o qual as suas formas se dirigem para o céu, para além da efetividade, mas, tal como os morcegos, não pertencem nem ao gênero dos pássaros nem ao das bestas, nem ao céu nem à terra, e tal eticidade não pode ser sem fraqueza e infâmia, e tal entendimento que surge nisso não pode ser sem trivialidade, e a felicidade e a infelicidade que participam disso não podem ser sem maldade, no que diz respeito à primeira, e sem medo e covardia, no que diz respeito à segunda, e ambas não podem ser sem o desprezo — tampouco pode a filosofia purificar o finito e a subjetividade quando ela, segundo o seu modo, os toma na forma conceitual como verdade absoluta, pelo fato de que relaciona os mesmos com o infinito; pois esse infinito não é ele mesmo o verdadeiro, porque não é capaz de consumir completamente a finitude. Contudo, se na finitude desaparece a efetividade e o temporal como tais, então isso equivale a uma autópsia cruel, que não deixa o homem inteiro, e a uma abstração violenta que não tem verdade alguma, particularmente verdade prática alguma, e semelhante abstração é compreendida como uma amputação dolorosa de uma parte essencial da completude do todo.

Mas o temporal e o empírico e a privação são reconhecidos como um em-si absoluto; é como se aquele que vê apenas os pés de uma obra de arte, quando é ocultado aos seus olhos a obra inteira, se queixasse de que ele é privado da privação, de que é tornado incompleto pela incompletude. O conhecimento finito é tal conhecimento de uma parte e de um singular; se o absoluto fosse *composto* de finito e infinito, então a abstração do finito seria sobretudo uma perda, mas na idéia o finito e o infinito são um só e, por isso, desapareceu a finitude como tal, na medida em que ela deveria ter em si e por si verdade e realidade; mas só foi negado o que é negação e, portanto, foi posta a verdadeira afirmação. O *abstractum* supremo daquela negação tornada absoluta é a egoidade, assim como a coisa é, de resto, a abstração suprema da posição; tanto uma quanto outra são elas mesmas apenas a negação do outro. Puro ser e puro pensamento — coisa absoluta e egoidade absoluta são igualmente a finitude tornada absoluto, e neste único e mesmo estágio estão, para não mencionar outras manifestações, o eudemonismo e a mania de Esclarecimento, bem como as filosofias kantiana, jacobiana e fichteana, cujas posições recíprocas examinaremos agora mais detalhadamente.

A FILOSOFIA KANTIANA

A FILOSOFIA kantiana confessa abertamente o seu princípio da subjetividade e do pensamento formal porque a sua essência consiste em ser idealismo crítico; e na segurança de seu ponto de vista, de tornar a unidade da reflexão o mais elevado, ela revela na narrativa mais despreocupada aquilo que é e quer. O nome razão que confere ao conceito é capaz, quando muito, de dificultar ou ocultar a explicação a esse respeito; em parte, a partir dos pontos de vista mais baixos, onde em verdade lhe subjaz uma idéia, a confusão com que ela exprime a idéia torna forçoso reconhecê-la; em parte, logo em seguida ela mesma transforma novamente o racional em um inteligível e condicionado. Do contrário, ela ocasionalmente se depara em seu caminho com idéias que rapidamente abandona de novo como meros pensamentos vazios, como se fossem meras possibilidades do pensamento e conceitos supérfluos carentes de qualquer realidade. E ela mesma estabelece a idéia suprema, que enfrentou em seu empreendimento crítico e que tratou como uma elucubração vazia, mero truque escolar de fazer surgir uma realidade a partir de conceitos,[1] no final de sua filosofia, como um postulado, o qual teria uma subjetividade necessária, mas não aquela objetividade absoluta, para, em vez de terminar com a idéia na crença, começar a filosofia tão-somente da idéia e reconhecê-la como o único conteúdo da mesma.

Se a filosofia kantiana permanece pura e simplesmente na oposição e faz da identidade da mesma o fim absoluto da

---

[1]Kant, *Crítica da razão pura*, B 631.

A FILOSOFIA KANTIANA

filosofia, isto é, o puro limite, que é apenas uma negação da filosofia, então, ao contrário, não deve ser visto como tarefa da verdadeira filosofia resolver as oposições que se apresentam e que ora são apreendidas como espírito e mundo, como alma e corpo, como eu e natureza etc., mas a sua única idéia, que tem realidade e objetividade verdadeira para ela, é o ser suprassumido da oposição. Essa identidade absoluta não é nem um postulado universal subjetivo não realizável, mas sim a única realidade verdadeira, nem o reconhecimento da mesma é uma fé, isto é, um além para o saber, mas sim o seu único saber. Porque a filosofia na identidade absoluta não reconhece como sendo para si nem um nem outro dos contrapostos na sua abstração do outro, mas apenas a idéia suprema, considerada, indiferentemente, diante de ambos ou de cada um isolado, ela não é nada e é idealismo, e a filosofia kantiana tem o mérito de ser idealismo, na medida em que demonstra que nem o conceito por si mesmo nem a intuição por si mesma são algo, que a intuição por si é cega e o conceito por si vazio,[2] e que a identidade finita de ambos na consciência, que se chama experiência, de igual modo tampouco é um conhecimento razoável. Mas, na medida em que a filosofia kantiana explica esse conhecimento finito como o único possível, e para o essente em si, para o positivo, faz justamente desse lado negativo, puramente idealístico, ou novamente, faz justamente desse conceito vazio razão absoluta, tanto teórica quanto prática, ela recai na finitude e subjetividade absolutas; toda a tarefa e conteúdo dessa filosofia não é o conhecimento do absoluto, mas o conhecimento dessa subjetividade ou uma crítica da faculdade de conhecer. "Eu considerava que, por assim dizer, o primeiro passo seria satisfazer as diversas investigações que o ânimo do homem empreende de boa vontade, observando com precisão o

---

[2] Kant, *Crítica da razão pura*, B 75.

nosso entendimento, pesquisando as nossas forças e examinando a que coisas elas estão aplicadas. Se os homens avançam com as suas investigações além do que permite a sua capacidade, e deixam os seus pensamentos se perderem em oceano tão profundo, no qual não podem encontrar nenhum indício de saída, então não é nenhum prodígio que sejam assolados por dúvidas e que os conflitos se tornem cada vez maiores, os quais, já que não se deixam nunca solucionar ou desfazer, servem apenas para entreter e multiplicar as suas dúvidas, conduzindo-os finalmente a um estado de completa dúvida. Ao contrário, se fosse considerada a faculdade do nosso entendimento, então descobrir-se-ia quão amplo é o nosso conhecimento e encontrar-se-ia o horizonte que traça os limites entre aquilo que pode ser compreendido e aquilo que não pode ser compreendido, então talvez os homens lidassem melhor com a conhecida ignorância do primeiro e aplicassem os seus pensamentos e discursos com mais vantagem e satisfação ao segundo."[3] Locke expressa com tais palavras, na introdução de seu ensaio, a finalidade de seu empreendimento, palavras que também poderiam ser lidas na introdução à filosofia kantiana, a qual está igualmente circunscrita à finalidade lockeana, a saber, na consideração do entendimento finito.

No interior desses limites e a despeito dos resultados que, quando muito, soam inteiramente diferentes, encontra-se a idéia de razão verdadeira expressa na seguinte fórmula: como são *possíveis juízos sintéticos a priori*. Mas aconteceu a Kant o que ele censurou em Hume, a saber, não pensar essa tarefa da filosofia de modo suficientemente determinado e em sua universalidade, mas ter se detido apenas no significado *subjetivo* e exterior dessa pergunta. Assim, ele acreditou concluir disso que um conhecimento

---

[3] John Locke, *Ensaio sobre o entendimento humano*, Introdução, § 7. (N. do T.)

A FILOSOFIA KANTIANA

racional é impossível; segundo suas conclusões, tudo o que se chama filosofia resultaria em mero delírio de uma pretensa concepção racional.

Como juízos sintéticos *a priori* são possíveis? Esse problema não expressa nada além da idéia de que, no juízo sintético, sujeito e predicado, aquele o particular, esse o universal, aquele na forma do ser, esse na forma do pensamento — de que esse heterogêneo é simultaneamente *a priori*, isto é, absolutamente idêntico. A possibilidade desse pôr é tão-somente a razão, que não é nada mais senão essa identidade de tais desiguais. Entrevê-se essa idéia mediante a superficialidade da dedução das categorias e, no que diz respeito ao espaço e ao tempo, não ali onde ela deveria estar, na discussão transcendental dessa formas, e sim na seqüência, onde a unidade originariamente sintética da apercepção aparece apenas na dedução das categorias e onde também é reconhecida como princípio da síntese figurativa ou das formas da intuição; o espaço e o tempo eles mesmos são compreendidos como unidades sintéticas, e a imaginação produtiva, a espontaneidade e a atividade sintética absoluta como princípio da sensibilidade, a qual foi anteriormente caracterizada apenas como receptividade.

Essa unidade sintética originária, isto é, uma unidade que não deve ser compreendida como produto de opostos, mas como identidade verdadeiramente necessária, absoluta e originária de opostos, é tanto princípio da imaginação produtiva, da unidade cega, isto é, mergulhada na diferença, que dela não se separa, quanto a unidade que põe identicamente a diferença, mas que se diferencia do diferente, como entendimento; donde se torna claro que as formas kantianas da intuição e as formas do pensamento não se encontram de modo algum umas fora das outras como faculdades isoladas e particulares, como se concebe habitualmente. Uma e mesma unidade sintética — e o que ela significa aqui foi agora mesmo determinado — é o princípio do intuir e do entendimento; o entendimento é tão-somente a potência mais alta em que a identidade, que no intuir está inteiramente mergulhada na multiplicidade, se constitui simultaneamente como a ela contraposta e em si como universalidade, mediante a qual ela é a potência mais alta. Kant tem por isso toda a razão em chamar de cega a intuição sem a forma, pois na intuição não está dada a oposição relativa e, portanto, também não a identidade relativa entre unidade e diferença, em cuja identidade relativa e oposição consiste o ver ou a consciência, mas a identidade é como um magneto plenamente idêntico à diferença. Todavia, na medida em que a intuição é sensível, quer dizer, a oposição não foi suprimida como na intuição intelectual, mas deve surgir na intuição empírica como tal, então ela consiste também nessa forma do estar imerso, e assim se separam as oposições como duas formas do intuir, uma como identidade do pensamento, a outra como identidade do ser, como intuição do tempo e do espaço. De igual maneira, sem intuição o conceito é vazio, pois a unidade sintética é apenas conceito, na medida em que, simultaneamente exterior à diferença, liga-a de tal modo que se contrapõe a ela em oposição relativa. O puro conceito relativo isolado é a identidade vazia; apenas como relativamente idêntico àquilo que se contrapõe a ele é simultaneamente conceito e é preenchido apenas por meio do múltiplo da intuição: intuição sensível $A = B$, conceito $A^2(A = B)$.

No que diz respeito à circunstância principal de que a imaginação produtiva, tanto na forma do intuir sensível como do apreender da intuição ou da experiência, é uma idéia verdadeiramente especulativa, então a identidade pode obter, por meio da expressão de uma unidade sintética, a aparência de que pressupunha a antítese, embora carecesse de sua multiplicidade como um essente para si independente dela; por conseguinte, segundo a natureza, ela seria obtida posteriormente como a contraposição. Tãosomente aquela unidade é, em Kant, incontestavelmente a identidade absoluta, originária, da consciência de si, que põe *a priori*, absolutamente a partir de si, o juízo ou, ao contrário, aparece, enquanto identidade do subjetivo e do objetivo na consciência, como juízo; essa unidade originária da apercepção se chama sintética justamente por causa de sua bilateralidade, porque nela o contraposto é absolutamente uno. Se a síntese absoluta, que é absoluta enquanto não for um agregado de multiplicidades tomadas em conjunto e que apenas depois disso se juntou a elas, é separada e refletida em seus contrapostos, então um deles é o Eu vazio, o conceito, e o outro a multiplicidade, o corpo, a matéria ou como se quiser. Kant diz claramente na *Crítica da razão pura*, p. 135: mediante o Eu vazio, como representação simples, não é dado nada de múltiplo. A verdadeira unidade sintética ou identidade racional é apenas aquela que consiste na relação do múltiplo com a identidade vazia, o Eu, a partir da qual apenas, como síntese originária, se separam o Eu, como sujeito pensante, e o múltiplo, como corpo e mundo — mediante o que, portanto, Kant diferencia entre a abstração do Eu ou da identidade inteligível ela mesma e o verdadeiro Eu como identidade absoluta, originariamente sintética, como princípio.

Na verdade, Kant resolveu da seguinte maneira a sua pergunta: como são possíveis *a priori* juízos sintéticos? Eles são possíveis mediante a identidade originária e absoluta daquilo que é de espécie diversa, a partir do qual, como o incondicionado, ela mesma se separa primeiramente como sujeito e predicado, particular e universal, que aparecem separados na forma de um juízo. O racional ou, como Kant se expressa, o apriorístico deste juízo, a identidade absoluta, como conceito intermediário, não se expõe todavia no juízo, mas na conclusão; no juízo, a identidade absoluta é apenas a *copula*: é um inconsciente; e o juízo ele mesmo é apenas a aparição predominante da diferença. O racional dedicou-se aqui inteiramente à oposição tanto quanto para a consciência em geral a identidade na intuição, a *copula*, não é um pensado, um conhecido, mas expressa justamente o não-conhecimento do racional; o que se mostra e está na consciência é apenas o produto, como membro da oposição sujeito e predicado, e apenas eles estão postos na forma do juízo, e não a sua unidade como objeto do pensamento. Na intuição sensível, o conceito e o real não se colocam um diante do outro; no juízo, a identidade se retira, como universal, ao mesmo tempo de sua dedicação à diferença, a qual aparece desse modo como particular, e se coloca diante dessa dedicação; mas a identidade racional da identidade, como do universal e do particular, é o inconsciente no juízo, e o juízo ele mesmo é apenas uma aparição do mesmo.

Não se pode entender nada de toda dedução transcendental, tanto das formas da intuição como da categoria em geral do nada, sem diferenciar o Eu, que é o sujeito que representa denominado por Kant como aquele que apenas acompanha todas as representações, daquilo que Kant chama de capacidade da unidade sintética originária da apercepção, e sem reconhecer essa imaginação não como o termo médio que é introduzido inicialmente entre um sujeito existente e absoluto e um mundo existente e absoluto, mas como aquilo que é o primeiro e o originário e a partir do qual tanto o Eu subjetivo quanto o mundo objetivo se separam primeiramente para um fenômeno e produto necessariamente constituído de duas partes, sem reconhecê-

A FILOSOFIA KANTIANA

la tão-somente como o em-si. Essa imaginação, como a identidade bilateral originária, que se torna, por um lado, em geral sujeito e, por outro, objeto, e é originariamente ambos, não é nada mais senão a razão ela mesma, cuja idéia foi anteriormente determinada — é apenas a razão tal como ela aparece na esfera da consciência empírica. Que o em-si da consciência empírica seja a razão ela mesma e que a imaginação produtiva, tanto como intuinte quanto como experimentadora, não seja capacidades particulares separadas da razão, e que essa imaginação produtiva seja denominada apenas de entendimento, na medida em que as categorias, como as formas determinadas da imaginação que experimenta, são postas na forma do infinito e sejam fixadas como conceitos, que constituem igualmente em sua esfera um sistema completo — tudo isso deve ser apreendido preferencialmente por aqueles que, quando ouvem falar da imaginação, não pensam no entendimento e menos ainda na razão, mas apenas na não-conformidade a leis, no arbítrio e na invenção e que não podem se desfazer da idéia de uma multiplicidade qualitativa das capacidades e aptidões do espírito. Deixou-se que a imaginação produtiva tivesse lugar na filosofia kantiana muito mais porque a sua idéia pura é, sem dúvida, bastante misturada, tal como outras potências, e foi apresentada quase na forma ordinária de capacidades psicológicas, mas aprioristicas, e Kant não reconheceu como razão o *a priori* único, seja ele da sensibilidade ou da razão ou do que seja, mas apenas sob conceitos formais de universalidade e necessidade, como veremos logo a seguir, fazendo do verdadeiro *a priori* uma unidade pura, isto é, não originariamente sintética.

Contudo, na medida em que o em-si foi estabelecido na potência da imaginação, a duplicidade da mesma foi apreendida como uma duplicidade refletida, a saber, como juízo, e de igual maneira a identidade da mesma foi apreendida como entendimento e categoria, portanto como uma identidade igualmente reflexiva e relativa, então a identidade absoluta da identidade relativa, fixada como universal ou como categoria, e da duplicidade relativa do universal e do particular também deve ter sido refletida e reconhecida como razão. Tão logo a imaginação, que é razão, imergiu na diferença, é elevada como essa potência apenas na forma da infinitude, fixada como entendimento, e essa identidade meramente relativa se contrapõe necessariamente ao particular, é pura e simplesmente afetada por ele como um estranho a ela e como um empírico, e o em-si de ambos, a identidade desse entendimento e do empírico ou o *a priori* do juízo, não se manifesta; e a filosofia não avança do juízo até a conclusão *a priori*, do reconhecimento de que é aparição do em-si até o reconhecimento do em-si; e por isso o juízo absoluto do idealismo pode e, na potência, deve ser apreendido na apresentação kantiana de tal maneira que o múltiplo da sensibilidade e a consciência empírica como intuição e sentimento sejam algo em si desconectado e o mundo algo que se desfaz em si mesmo, uma conexão e apoio objetivos, substancialidade, variedade e inclusive efetividade e possibilidade que obtém apenas por meio do favor da consciência de si dos homens racionais; uma determinidade objetiva que o homem vê de perto e rejeita. Toda a dedução obtém então o sentido muito apreensível de que as coisas em si e os sentimentos — e, em vista das sensações e de sua realidade empírica, não resta nada senão pensar que a sensação origina-se das coisas em si, pois é delas que vem em geral a determinidade incompreensível da consciência empírica, e elas não podem nem ser intuídas nem conhecidas; o que na experiência é forma da intuição pertence à síntese figurada, o que é conceito pertence à síntese intelectual, para as coisas em si não permanece nenhum outro órgão senão a sensação, pois esta não é o único *a priori*, quer dizer, não está fundada na faculdade humana de conhecimento, para a qual há apenas fenômenos — de que as coisas em si e as sensações, como eu dizia, são destituídas de determinidade objetiva; a sua determinidade objetiva é a sua unidade; essa unidade, todavia, é unicamente consciência de si de um sujeito que tem experiência e, portanto, é tampouco algo verdadeiramente *a priori* e em si essente como qualquer outra subjetividade. O idealismo crítico consiste assim em nada mais senão no saber formal de que o sujeito e as coisas, ou o não-Eu, existem cada um por si — o Eu do "eu penso" e a coisa em si — não como se cada um deles fosse substância, um como coisa anímica, o outro como coisa objetiva, mas o Eu do "eu penso", como sujeito, é absoluto, assim como a coisa que se encontra para além dele, ambos sem outras determinações segundo as categorias. A identidade absoluta do sujeito e do objeto passou para tal identidade formal e o idealismo formal passou para esse idealismo transcendental ou, ao contrário, psicológico propriamente dito. Se foi feita a separação entre sujeito e objeto, o juízo aparece novamente duplicado em subjetivo e objetivo, como uma passagem de um objetivo para um outro, os quais são eles mesmos novamente postos na relação de um subjetivo e um objetivo e na de identidade de ambos, e de igual maneira na passagem de um fenômeno subjetivo para um outro; assim o peso, o objetivo, é como um subjetivo ou um particular dos corpos, mas o movimento é como um objetivo ou universal; ou o subjetivo, a imaginação, é como subjetivo ou particular, e o Eu, como objetivo ou universal, é a experiência.

Kant colocou essas relações do fenômeno, como juízos, em seu lado objetivo no sistema dos princípios da faculdade de julgar; e uma vez que a identidade do que aparece como heterogêneo em tal relação do juízo — por exemplo, uma vez que aquilo que é causa é necessário, ou seja, absolutamente ligado ao efeito, ele é, por conseguinte, identidade transcendental — então se deve ver nisso um idealismo verdadeiro. Mas todo esse sistema dos princípios surge, por um lado, novamente como um entendimento humano consciente, como um subjetivo; e permanece agora a questão de que relação tem esse juízo, a saber, essa subjetividade do entendimento, com a objetividade. Ambos são idênticos, mas formalmente idênticos, na medida em que a heterogeneidade do fenômeno foi aqui deixada de lado; a forma *A* existe como tal no sujeito e no objeto; ela não é posta simultaneamente de modo heterogêneo, isto é, num momento como um subjetivo, noutro como um objetivo, num momento como unidade, noutro como multiplicidade, tal como única e somente devem ser conhecidos a contraposição e o fenômeno, não num momento como ponto, noutro como linha, não 1 = 2. Mas se o subjetivo é ponto, então também o objetivo é ponto; se o subjetivo é linha, então também o objetivo é linha; é uma única e mesma coisa que ora é considerada como representação, ora como coisa existente; a árvore é considerada como minha representação e como uma coisa; o calor, a luz, o vermelho, o doce etc. como minha sensação e como uma propriedade de uma coisa; da mesma maneira a categoria é posta num momento como relação do meu pensamento e noutro como relação das coisas. Que tal diferença, assim como ela é representada aqui, seja apenas diferentes lados de minha consideração subjetiva, e que esses lados não sejam eles mesmos de novo postos objetivamente na contraposição como conhecimento do fenômeno, mas que aquela identidade formal apareça como a questão principal, é isso que constitui a essência do idealismo formal ou psicológico, a qual reconhece tão pouco a aparição do absoluto segundo a sua verdade como a identidade absoluta — um é pura e simplesmente inseparável do outro —, e o

A FILOSOFIA KANTIANA

qual é recoberto em todos os seus momentos pela filosofia kantiana e, principalmente, pela fichteana. Tal identidade formal tem contra si ou ao lado de si imediatamente uma não-identidade infinita, com a qual ela deve se coligar de um modo incompreensível; então temos, de um lado, o Eu com a sua imaginação produtiva, ou antes com a sua unidade sintética, que, posta isoladamente, é unidade formal do múltiplo, mas ao lado da mesma uma infinidade de sensações e, se se quiser, das coisas em si, cujo reino, uma vez que tenha sido abandonado pelas categorias, não pode ser nada mais senão uma massa informe, embora ele, também segundo a *Crítica da faculdade de julgar*, contenha em si mesmo determinações, como um reino da bela natureza, para a qual a faculdade de julgar não pode ser subsumidora, mas apenas reflexiva. Contudo, porque a objetividade e a sustentação em geral provêm apenas das categorias, esse reino é sem categorias e todavia é por si e para a reflexão, então não se pode representar de outra maneira o mesmo senão como o rei de ferro de *Conto de fadas*,[4] que é perpassado por uma consciência de si humana com as veias da objetividade, de tal modo que ele se coloca como figura ereta, da qual o idealismo transcendental e formal suga as veias, de tal modo que a consciência desfalece, tornando-se alguma coisa entre forma e massa disforme, repulsiva de se ver; sem as veias da consciência de si injetadas na natureza, para o conhecimento da natureza não permanece nada além da sensação.

Desse modo, a objetividade das categorias na experiência e a necessidade dessas relações se tornam elas mesmas novamente algo contingente e um subjetivo; esse entendimento é entendimento humano, uma parte da faculdade de conhecer, entendimento de um ponto fixo da egoidade. As coisas, tal como são conhecidas pelo entendimento, são apenas fenômenos, nada em si, o que é

---

[4] *Das Märchen*, famoso conto de fadas de Goethe. (N. do T.)

um resultado verdadeiro; a conclusão imediata, contudo, é que também um entendimento, que apenas conhece fenômenos e um nada em si, é ele mesmo fenômeno e nada em si; mas o entendimento discursivo que assim conhece é considerado, ao contrário, como em si e absoluto, e o conhecimento dos fenômenos é dogmaticamente considerado como um único modo de conhecer, sendo negado o conhecimento da razão. Se as formas, por meio das quais o objeto é, não são nada em si, então elas também não devem ser nada em si para a razão cognoscente; mas que o entendimento seja o absoluto do espírito humano, disso parece que Kant nunca teve a menor dúvida. Porém o entendimento é a finitude insuperável absolutamente fixada da razão humana. Na tarefa de explicar a comunhão da alma com o corpo, Kant se deparou, com razão, com a dificuldade (não de explicar, mas de conhecer) na pressuposta heterogeneidade da alma e dos objetos dos sentidos externos; mas se se pensar que ambas as espécies de objetivos não se distinguem uma da outra internamente, mas apenas enquanto uma *aparece externamente* com a outra, pois o que fundamenta a aparição da matéria, como coisa em si mesma [*an sich selbst*], *talvez* não devesse ser tão heterogêneo, então desaparece a dificuldade e não permanece mais nenhuma senão a de solucionar como em geral é possível uma comunhão de substâncias (seria supérfluo tentar esconder aqui a dificuldade), a qual, sem dúvida, também se encontra fora do conhecimento *humano*.[5] Vê-se que, em virtude do amor por uma humanidade e sua faculdade de conhecer, ocorre que Kant honra tão pouco o seu pensamento de que as substâncias talvez não sejam *em si* tão heterogêneas, mas apenas estejam no fenômeno, e considera esse pensamento como uma mera ocorrência

---

[5] Kant, *Crítica da Razão Pura*, B 427 s.

A FILOSOFIA KANTIANA

subjetiva de um talvez e não como um pensamento racional.

Tal idealismo formal, que põe desse modo, de um lado, um ponto absoluto da egoidade e de seu entendimento e, de outro, a multiplicidade absoluta ou a sensação, é um dualismo, e o lado idealístico que vindica ao sujeito certas relações denominadas categorias não é nada senão a extensão do lockeanismo, que deixa os conceitos e as formas serem dados pelo objeto, e apenas desloca para o sujeito a percepção *em geral*, um entendimento universal, já que, em contrapartida, esse idealismo continua a determinar a percepção como forma imanente ela mesma; e, por isso, sem dúvida já é infinitamente beneficiado por a vacuidade do perceber ou da espontaneidade ser preenchida, *a priori*, absolutamente por um conteúdo, na medida em que a determinidade da forma não é outra senão a identidade de contrários, por meio do que o entendimento *a priori* se torna simultaneamente, pelo menos no universal, *a posteriori*, pois a aposterioridade não é nada senão a contraposição e, assim, é dado o conceito formal da razão de ser *a priori* e *a posteriori*, idêntico e não idêntico, em sua absoluta unidade, cuja idéia continua a permanecer entendimento, e apenas o seu produto é reconhecido como um *juízo* sintético *a priori*. Dentro dela está, por conseguinte, o entendimento, na medida em que nela mesma universal e particular são um único, uma idéia especulativa, e ela deve ser uma idéia especulativa; pois a contraposição do juízo deve ser *a priori*, necessária e universal, isto é, absolutamente idêntica; mas o juízo permanece no dever [*Sollen*], pois esse pensamento é novamente um entendimento, um contraposto à sensibilidade empírica; a dedução inteira é uma análise da experiência e o estabelecimento de uma antítese absoluta e de um dualismo.

Que o entendimento seja algo subjetivo, para o qual

as coisas não são em si, mas apenas fenômenos, tem portanto um duplo sentido. O primeiro, o muito correto de que o entendimento expressa o princípio da contraposição e a abstração da finitude. O segundo, contudo, é aquele segundo o qual essa finitude e o fenômeno no homem são um absoluto, não o em-si das coisas, mas o em-si da razão cognoscente; como qualidade subjetiva do espírito, o entendimento deve ser absoluto. Mas em geral, já pelo fato de que é posto como algo subjetivo, o entendimento é reconhecido como algo não absoluto; mesmo para o idealismo deve ser indiferente se o entendimento necessário e conhecido nas dimensões de sua forma é posto subjetiva ou objetivamente. Se o entendimento deve ser considerado por si como a abstração da forma em sua triplicidade, então resulta igual considerá-lo ora como entendimento da consciência, ora como entendimento da natureza, ora como a forma da inteligência consciente ou inconsciente; assim como o entendimento é pensado no Eu como algo intelectualizado, da mesma maneira é pensado na natureza como algo realizado. Se o entendimento fosse em geral em si, então ele teria na natureza, como um mundo inteligível fora do conhecimento inteligível em si e para si, tanta realidade quanto um entendimento pensante fora da natureza na forma da intelectualidade; a experiência teria o sistema inconsciente da multiplicidade e conexão do mundo tanto subjetivamente (como consciente) quanto objetivamente. Mas não é por isto que o mundo é nada em si, porque um entendimento consciente dá primeiro a ele suas formas, mas porque ele é natureza, quer dizer, foi elevado acima da finitude e do entendimento; e de igual maneira o entendimento consciente é nada em si, não porque ele é entendimento humano, mas porque é entendimento em geral, quer dizer, nele mesmo se encontra um ser absoluto da oposição.

A FILOSOFIA KANTIANA

Não devemos, por conseguinte, atribuir o mérito de Kant ao fato de que ele pôs as formas, que são expressas nas categorias, na faculdade humana de conhecimento como o mourão de uma finitude absoluta, mas ao fato de ele ter colocado a idéia de verdadeira aprioridade mais na forma da imaginação transcendental, e também, por isso, o começo da idéia da razão no entendimento ele mesmo. Isso se dá porque ele tomou o pensamento, ou a forma, não subjetivamente, porém como em-si; não como algo informe, a apercepção vazia, mas como entendimento, como forma verdadeira, a saber, como triplicidade. Apenas nessa triplicidade está depositada a semente do especulativo, porque nela está simultaneamente o juízo originário, ou a dualidade, portanto a possibilidade da aposterioridade ela mesma. Desse modo a aposterioridade cessa de ser absolutamente contraposta ao *a priori*, e, por esse mesmo motivo, o *a priori* cessa de ser identidade formal. A idéia mais pura, todavia, de um entendimento, que simultaneamente é *a posteriori*, a idéia do centro absoluto de um entendimento intuitivo, dela trataremos mais tarde.

Antes de mostrarmos que Kant tinha muito presente essa idéia de um entendimento simultaneamente *a posteriori* ou intuitivo, e como ele a expressou, embora a tenha novamente aniquilado conscientemente, devemos considerar o que pode ser a razão que se recusa a ir ao encontro dessa idéia. Por causa dessa recusa, não resta a ela nada mais senão a pura vacuidade da identidade, que a razão considera meramente no juízo como o universal puro essente por si mesmo, isto é, o subjetivo, tal como ele se realiza, em seu estado completamente purificado da multiplicidade, como unidade pura e abstrata. O entendimento humano é a associação do múltiplo mediante a unidade da consciência de si; na análise produz-se um subjetivo como atividade associativa, a qual, como espontaneidade, possui ela mesma dimensões que se produzem como categorias, e nessa medida ela é entendimento. Mas a abstração — tanto do conteúdo que esse associar tem mediante a sua relação com o empírico, quanto da sua particularidade imanente que se expressa em suas dimensões —, esta unidade vazia é a razão. O entendimento é a unidade de uma experiência possível; a unidade da razão refere-se todavia ao entendimento e seus juízos. Nessa determinação universal, a razão foi elevada sem dúvida acima da esfera da identidade relativa do entendimento, e esse caráter negativo permitiu compreendê-la como identidade absoluta; mas ela só foi elevada para que a idéia especulativa, que se destaca do modo mais vivo na imaginação e que já foi despotencializada pelo entendimento, desça inteiramente para a identidade formal. Considerar como Kant, com razão, faz dessa unidade vazia um princípio meramente regulativo e não especulativo — pois como poderia o meramente destituído de conteúdo constituir algo? —, como ele põe essa unidade como o incondicionado, tem interesse, em parte, apenas na medida em que Kant, a fim de constituir essa vacuidade, polemiza com a razão e ele mesmo remove completamente o racional que é reconhecido no entendimento e sua dedução como síntese transcendental, apenas na medida em que não deveria ser reconhecido como produto e, em sua aparição, como juízo, e sim agora como razão; em parte, particularmente como essa unidade vazia deve se tornar, como razão prática, novamente constitutiva, gerar-se a partir de si mesma e fornecer a si mesma um conteúdo, como mais adiante, no final derradeiro, a idéia da razão é restabelecida em sua pureza, mas novamente aniquilada e posta como um para-além absoluto na ausência de razão da fé, como um vazio para o conhecimento. Com isso, a subjetividade permanece absoluta e princípio, subjetividade que

A FILOSOFIA KANTIANA

se mostrou de um modo aparentemente mais inocente na apresentação do entendimento.

Que a razão seja conservada na contraposição com o finito como atividade destituída de dimensão, como o conceito puro da infinitude, e nessa contraposição seja conservada como um absoluto, portanto, como unidade pura sem intuição e vazia em si mesma, é algo que Kant reconhece completamente e em toda a parte; todavia, a contradição imediata que reside nisso é a de que essa infinitude, que é pura e simplesmente condicionada pela abstração de um contraposto e não é nada mais senão essa oposição, é afirmada simultaneamente como espontaneidade e autonomia absolutas — como liberdade, a infinitude deve ser absoluta, já que a essência dessa liberdade consiste em ser apenas por meio de um contrário. Essa contradição, que não pode ser superada pelo sistema e que o destrói, se torna inconseqüência real, na medida em que essa vacuidade absoluta deve se dar um conteúdo como razão prática e se expandir na forma de obrigações. A razão teórica, que se deixa dar à multiplicidade do entendimento e apenas tem de regular a mesma, não reivindica nem uma dignidade autônoma, nem a autogeração do filho a partir de si mesma. Ela deve se conservar abandonada à sua própria vacuidade e indignidade para poder suportar a si mesma num dualismo de uma unidade pura da razão e uma multiplicidade do entendimento e para ser, segundo o centro e segundo o conhecimento imanente, destituída de necessidade. Em vez de ressaltar aqui completametne a idéia da razão, que se apresenta na dedução das categorias como identidade originária do uno e do múltiplo, de sua aparição como entendimento, essa aparição é tornada permanente segundo um dos seus membros, a unidade, e com isso também segundo o outro membro, e a finitude é tornada absoluta. Sem dúvida percebe-se novamente o aroma de algo racional, é redescoberto em Platão o nome "idéia", virtude e beleza são reconhecidas como idéias, mas essa razão não chega ela mesma tão longe a ponto de poder produzir uma idéia.

O *aspecto polêmico* dessa razão não oferece outro interesse nos *paralogismos da mesma* senão o de suprimir os conceitos do entendimento que são predicados do Eu e elevar o Eu da esfera da coisa e das determinações objetivas e finitas para a intelectualidade, e nessa predicar do espírito não uma dimensão determinada e forma singular do entendimento, mas a forma abstrata da finitude ela mesma, e transformar [*umschaffen*] o "eu penso" em um ponto intelectual absoluto, não em uma mônada real e existente na forma de substância, mas em uma mônada intelectual como um uno fixo intelectual, que é condicionado pela contraposição infinita e é absoluto nesta finitude, de modo que o Eu se torna a partir da coisa anímica [*Seelending*] uma intelectualidade qualitativa, um uno intelectual e abstrato e como tal um uno absoluto, e a finitude anterior dogmática e objetiva é transformada [*umgewandelt*] em uma finitude absoluta dogmática e subjetiva.

As *antinomias matemáticas* consideram como mera negatividade a aplicação da razão sobre um momento fixado pela reflexão, por meio do que é produzida imediatamente a infinitude empírica. *A* é posto e deve [*soll*] simultaneamente não ser posto; é posto na medida em que permanece o que é; é suprimido na medida em que se passa para outro. Essa exigência vazia de um outro e o ser absoluto daquilo para que é exigido um outro fornecem essa infinitude empírica. A antinomia surge porque tanto o ser-outro como o ser — a contradição — são postos em sua insuperabilidade absoluta. Um lado da antinomia deve ser aqui tal que o ponto determinado e a refutação são postos, que o contrário e o ser-outro são postos — e inver-

A FILOSOFIA KANTIANA

samente no que se refere ao outro lado da antinomia. Se Kant reconheceu essa contradição, que ela surge necessariamente apenas por meio da finitude e na finitude e, por conseguinte, é uma aparência necessária, então em parte ele não a resolveu, na medida em que não suprimiu a finitude ela mesma, mas deixou permanecer novamente essa mesma contradição na medida em que a tornou algo subjetivo; em parte, Kant pode usar o idealismo transcendental apenas como a chave negativa para sua solução, na medida em que nega ambos os lados da antinomia como algo essente em si; mas o elemento positivo dessas antinomias, o seu centro, não é desse modo conhecido. A razão aparece puramente apenas do seu lado negativo, como superando a reflexão, mas ela mesma não se apresenta em sua forma peculiar. Contudo, esse elemento negativo já seria suficiente para pelo menos conter o *progresso infinito* também para a razão prática, pois ele é justamente a mesma antinomia que o regresso infinito e assim mesmo apenas para a finitude e na finitude; a razão prática, que busca refúgio nele e deve [*soll*] se constituir como absoluta na liberdade, confessa justamente por meio dessa infinitude do progresso a sua finitude e inabilidade de se fazer válida como razão absoluta.

A solução das *antinomias dinâmicas*, contudo, não permaneceu meramente negativa, mas confessa o dualismo absoluto dessa filosofia: ela suprime a contradição ao torná-la absoluta. Liberdade e necessidade, mundo inteligível e sensível, necessidade absoluta e empírica, relacionados um ao outro, produzem uma antinomia. A solução reside em não relacionar essas oposições dessa maneira insuficiente, mas pensá-las como absolutamente desiguais, como estando além de qualquer comunhão; e diante do relacionar insuficiente e inconsistente da liberdade com a necessidade, do mundo inteligível com o sensível, a separação

HEGEL

pura e completa dos mesmos é evidentemente um mérito, o mérito de que a sua identidade absoluta é posta de maneira inteiramente pura. Mas Kant não fez a sua separação com o fim de que ela fosse tão pura, porém para que a separação fosse o absoluto; pensadas fora de qualquer comunhão, elas não são contraditórias entre si.

O que é dado na assim chamada solução das antinomias meramente como um pensamento, de que liberdade e necessidade podem ser inteiramente separadas, é posto categoricamente em outra forma de reflexão, a saber, na famosa crítica da teologia especulativa, na qual a contraposição absoluta de liberdade, na forma de conceito, e de necessidade, na forma de ser, é afirmada positivamente e é alcançada a vitória completa da não-filosofia sobre a cegueira espantosa das filosofias anteriores. O entendimento torpe desfruta aqui de sua vitória sobre a razão, a qual é identidade absoluta da idéia suprema e da realidade absoluta, com autosuficiência destituída de qualquer desconfiança. Kant tornou o seu triunfo ainda mais brilhante e agradável ao assumir aquilo que de resto foi denominado prova ontológica da existência de Deus na pior forma de que ela é capaz e que lhe foi dada por Mendelssohn[6] e outros — os quais fizeram da existência uma propriedade, por meio do que a identidade da idéia e da realidade aparecem como um reunirse de um conceito a outro —; com isso, Kant demonstra em geral certa ignorância sobre sistemas filosóficos e um conhecimento que não vai além da pura notícia histórica, principalmente no que se refere à refutação desses mesmos sistemas.

Depois desse completo pisoteamento da razão e depois do júbilo do entendimento e da finitude por terem decre-

---

[6]Moses Mendelssohn (1729-1786) importante filósofo do Esclarecimento alemão. Foi autor, entre outros, de *Fédon ou sobre a imortalidade da alma* (N. da. T.).

A FILOSOFIA KANTIANA

tado a si como absolutos, a finitude se coloca então, como a mais suprema abstração da subjetividade ou da finitude consciente, também na sua forma positiva, e nesta forma ela se chama razão prática. Como o formalismo puro desse princípio, a vacuidade, se apresenta com a oposição de uma plenitude empírica e se configura em sistema, mostraremos mais amplamente no desenvolvimento detalhado e conseqüente que a integração dessa unidade vazia e sua oposição possui em Fichte.

Aqui se deve ainda indicar o ponto mais interessante do sistema kantiano, a saber, o ponto em que se reconhece uma região que é um centro entre a multiplicidade empírica e a unidade abstrata absoluta, mas novamente não uma região para o conhecimento; na verdade apenas é invocado o lado de seu fenômeno, mas o seu fundamento, a razão, não é reconhecido como pensamento, mas privado de toda a realidade para o conhecimento.

Kant encontra, a saber, na faculdade do juízo reflexionante o elo intermediário entre o conceito de natureza e o conceito de liberdade, isto é, entre a multiplicidade objetiva determinada mediante conceitos, o entendimento em geral, e a abstração pura do entendimento, a região de identidade daquilo que é sujeito e predicado no juízo absoluto, sobre cuja esfera a filosofia teórica se elevou tão pouco quanto a prática; essa identidade, contudo, que é tão-somente a razão verdadeira e única, é, segundo Kant, não para a razão, mas para a faculdade do juízo reflexionante. Na medida em que Kant aqui reflete sobre a razão em sua realidade, como intuição consciente, sobre a beleza e sobre a mesma como intuição destituída de consciência, sobre a organização, então se encontra expressa em todos os lugares a idéia da razão de um maneira mais ou menos formal. Kant[7] estabelece para a forma ideal da be-

7 Kant, *Crítica do juízo*, B 70.

leza uma imaginação por si mesma conforme a leis, uma conformidade a leis sem lei, e uma concordância livre da imaginação com a razão; as explicações a esse respeito soam sumamente empíricas, como, por exemplo, sobre uma idéia estética, de que ela é aquela representação da imaginação, a qual dá muito a pensar sem que um conceito determinado qualquer lhe seja adequado, que conseqüentemente não pode ser completamente alcançada por nenhuma linguagem e não pode ser tornada inteligível;[8] pois não se mostra a menor pressuposição de que nos encontramos aqui no domínio da razão. Onde Kant, para a solução da antinomia do gosto, chega à razão como a chave do deciframento, ali ela não é nada mais senão a idéia indeterminada do supra-sensível em nós, que não pode ser ulteriormente tornada compreensível, como se ele mesmo não tivesse dado um conceito da mesma na identidade do conceito de natureza e de liberdade. Segundo Kant, uma idéia estética não pode se tornar conhecimento, porque ela é uma intuição da imaginação, para a qual jamais poderá ser encontrado adequadamente um conceito; aquela uma representação *inexponible* da imaginação, esta um conceito *indemonstrable* da razão[9] — como se a idéia estética não tivesse a sua exposição [*Exposition*] na idéia de razão, não tivesse a idéia de razão na beleza aquilo que Kant denomina demonstração, a saber, a apresentação [*Darstellung*] do conceito na intuição. Kant todavia exige precisamente aquilo que fundamenta as antinomias matemáticas, a saber, uma intuição tal para a idéia de razão, na qual a idéia é experimentada uma ao lado da outra como um puramente finito e sensível e simultaneamente como um supra-sensível, como um para-além da experiência — não é intuído na identidade absoluta o sensível nem o supra-sensível —, e uma

[8] Kant, *Crítica do juízo*, B 192 s.
[9] Kant, *Crítica da razão pura*, B 240.

A FILOSOFIA KANTIANA

exposição e conhecimento do estético em que o estético seria esgotado pelo entendimento. Porque na beleza, na idéia experimentada (melhor: na idéia intuída) cai a forma da contraposição do intuir e do conceito, então Kant reconhece esse cair da oposição como um negativo no conceito do supra-sensível em geral, mas não é, como beleza, dado positivamente, intuído ou, como diz Kant, para a experiência, nem que seja conhecido pelo menos de maneira superficial, na medida em que o princípio da beleza é exposto [*exponiert*] como identidade do conceito de natureza e de liberdade, o supra-sensível, o substrato inteligível da natureza fora de nós e em nós, a coisa em si — como Kant define o supra-sensível; menos ainda que depende unicamente da oposição perene do supra-sensível e sensível, colocada de uma vez por todas como fundamento, em que o supra-sensível não é posto nem como conhecível nem como intuível. Pelo fato de que o racional é retido nesta contraposição não movida como supra-sensível e negativo absoluto tanto do intuir como do conhecer racional, o elemento estético obtém uma relação com a faculdade do juízo e com uma subjetividade para a qual o supra-sensível, princípio de uma conformidade a fins da natureza, é para a nossa faculdade de conhecer, mas cuja intuição não se apresenta para a idéia e para o conhecer, e cuja idéia tampouco se apresenta para a intuição. Por conseguinte, novamente nada se sabe sobre o supra-sensível, na medida em que é princípio do estético; e o belo se torna algo que se refere tão-somente à faculdade de conhecer humana e a um jogo concordante de suas forças múltiplas, sendo portanto algo pura e simplesmente finito e subjetivo.

A reflexão sobre o lado objetivo, a saber, sobre a intuição destituída de consciência da realidade da razão, ou a natureza orgânica, na crítica da faculdade teleológica do juízo, expressa a idéia da razão mais determinadamente do que no conceito anterior de um jogo harmônico de faculdades cognitivas, a saber, na idéia de um entendimento intuitivo, para o qual possibilidade e efetividade são um único, para o qual caem tanto os conceitos (que dizem respeito meramente à possibilidade de um objeto) quanto as intuições sensíveis (que nos dão algo sem todavia deixar conhecê-los desse modo como objetos); de um entendimento intuitivo que não vai (mediante conceitos) do universal para o particular e assim para o singular, para o qual a *contingência* não é atingida na concordância da natureza em seus produtos segundo leis *particulares* para o entendimento, no qual, como entendimento protótipico, a possibilidade das partes etc., segundo sua composição e ligação, depende do todo.[10] Dessa idéia Kant reconhece simultaneamente que somos necessariamente impelidos para ela; e a *idéia* desse *entendimento* protótipico, *intuitivo*, é no fundo nada mais senão *a mesma idéia da imaginação transcendental* que consideramos anteriormente, pois ela é atividade intuidora, e simultaneamente a sua unidade interna não é nenhuma outra senão a unidade mesma do entendimento, que mergulha a categoria na extensão, que se torna entendimento e categoria apenas em que se separa da extensão; a imaginação transcendental é, portanto, ela mesma entendimento intuível. A despeito da necessidade dessa idéia, que se apresenta aqui apenas como pensamento, não se deve todavia predicar a realidade dela, mas devemos nos ater de uma vez por todas à evidência de que universal e particular são coisas inevitavelmente necessárias e diferentes, entendimento para conceitos e intuição sensível para objetos — duas partes completamente heterogêneas.

A idéia é algo pura e simplesmente necessário e todavia algo problemático; para a nossa faculdade de conhecer

---

[10] Kant, *Crítica da razão pura*, B 344-354.

A FILOSOFIA KANTIANA

não há nada a reconhecer senão a forma de sua aparição no, como Kant o denomina, exercício [*Ausübung*], no qual possibilidade e efetividade são diferenciados; essa sua aparição é uma essência absoluta, o em-si do conhecer, como se ele não fosse também um exercício da faculdade de conhecer, se ele pensa e conhece um entendimento como uma idéia necessária, para o qual a possibilidade e a efetividade não são separadas, no qual universal e particular são um único, cuja espontaneidade é simultaneamente intuível. Kant não tem nenhum outro motivo senão pura e simplesmente a experiência e a psicologia empírica, para conceber que a faculdade de conhecer humana, segundo a sua essência, consista na maneira como ela aparece, a saber, naquele progredir do universal para o particular ou, inversamente, do particular para o universal; mas na medida em que ele mesmo pensa um entendimento intuitivo e é conduzido a ele como idéia absolutamente necessária, ele apresenta a experiência contraposta do pensamento de um entendimento não discursivo, e demonstra que a sua faculdade de conhecer conhece não apenas a aparição e a separação do possível e do efetivo nos mesmos, mas a razão e o em-si. Kant tem aqui ambos diante de si: a idéia de uma razão, em que possibilidade e efetividade são absolutamente idênticas, e a aparição das mesmas como faculdade de conhecer, na qual estão separadas; ele encontra na experiência de seu pensar ambos os pensamentos; na eleição de um deles, todavia, a sua natureza desprezou a necessidade de pensar o racional, uma espontaneidade intuitiva, e se decidiu pura e simplesmente pela aparição. É possível *em si e por si*, reconhece Kant, que o mecanismo da natureza, a relação causal e o tecnicismo teleológico da mesma sejam um único, isto é, não que ela seja determinada por uma idéia a ela contraposta, mas que aquilo que aparece segundo o mecanismo como absolutamente separado, um como causa e o outro como efeito, em uma relação empírica da necessidade, está absolutamente relacionado como o primeiro em identidade originária.

Não obstante Kant não reconheça isso como impossível, portanto como uma espécie da contemplação, ele permanece todavia preso a essa espécie de contemplação, segundo a qual ela é pura e simplesmente separada e o que ela conhece é uma faculdade de conhecer de igual maneira contingente, absolutamente finita e subjetiva, que ele chama de faculdade humana de conhecer, e declara como transcendental o conhecimento racional, para o qual o organismo, como razão real, é o princípio superior da natureza e identidade do universal e do particular. Ele reconhece portanto também no espinosismo um idealismo das causas finais na medida em que Espinosa quer tirar toda a realidade da idéia das causas finais e denomina como fundamento explicativo da ligação final — que ele não alcança — das coisas da natureza meramente a unidade do sujeito, ao qual todas elas são inerentes, e transforma em princípio o que seria apenas uma unidade ontológica abstrata (quer dizer, uma unidade racional, tal como a unidade que Kant chama de razão), já que a mera representação da unidade do substrato não poderia produzir nem mesmo uma conformidade não intencional a fins.[11] Se Kant tivesse conservado, na unidade espinosana, não a sua unidade do entendimento, que para ele se chama razão teórica e prática, e sim a sua idéia da unidade de um entendimento intuitivo, no qual conceito e intuição, possibilidade e efetividade, são um único, então teria de tomar a unidade espinosana não como uma unidade abstrata, destituída [*entbehrte*] de conformidade a fins, isto é, destituída de uma ligação absoluta com as coisas, e sim como uma unidade absolutamente inteligível e em si orgânica, bem como reconheceria desse

---

[11] Kant, *Crítica do Juízo*, B 324-327.

A FILOSOFIA KANTIANA

modo, imediata e racionalmente essa unidade orgânica, a finalidade da natureza, que ele compreende como um ser determinado das partes pelo todo, como identidade da causa e do efeito.

Mas tal unidade verdadeira, uma unidade orgânica de um entendimento intuitivo, não deve, de uma vez por todas, ser pensada; não é a razão que deve conhecer aqui, mas deve ser refletido pela faculdade de julgar e se tornar o princípio de pensar dessa mesma faculdade *como se* um entendimento dotado de consciência determinasse a natureza. Kant reconhece muito bem que essa não é nenhuma afirmação objetiva, e sim apenas algo subjetivo, mas essa subjetividade e finitude da máxima deve permanecer o conhecer absoluto. Não é impossível *em si* que o mecanismo coincida com a conformidade a fins da natureza, mas é impossível *para nós homens*, na medida em que seria necessário para o conhecimento dessa coincidência uma outra intuição que a sensível e um conhecimento determinado do substrato inteligível da natureza, a partir do que seria possível indicar o fundamento mesmo para o mecanismo das aparições segundo leis particulares — o que ultrapassaria inteiramente toda a nossa capacidade.[12]

A despeito de Kant ter reconhecido na beleza outra intuição que a sensível, e na medida em que designa o substrato da natureza como um inteligível, e esse substrato como racional e idêntico a toda razão, bem como reconhece o conhecer, no qual conceito e intuir se separam, como um conhecer subjetivo e finito, um conhecer segundo a aparição, então ele também deve permanecer absolutamente nesse conhecer finito; apesar de a faculdade de conhecer ser capaz da idéia e do racional, ela não deve se reconhecer pura e simplesmente segundo a idéia, mas considerar-se absoluta apenas se reconhece o orgânico e a

---

[12] Kant, *Crítica do juízo*, B 367.

si mesma como finita segundo a aparição. Assim como o lado verdadeiramente especulativo da filosofia de Kant só pode consistir no fato de que a idéia foi pensada e expressa de modo tão determinado, e como é interessante apenas seguir esse aspecto de sua filosofia, então é muito mais duro ver o racional não apenas novamente confundido, mas a idéia suprema corrompida com plena consciência, e elevar acima dela a reflexão e o conhecer finito.

Dessa apresentação resulta, em suma, o saber transcendental nesta filosofia, o qual se transforma em um saber formal depois que a dedução das categorias a partir da idéia orgânica da imaginação produtiva se perde na relação mecânica de uma unidade da consciência de si, em oposição à multiplicidade empírica e é determinante para ela ou reflexiva ao seu respeito. À unidade da consciência de si — que é simultaneamente a unidade objetiva, a categoria, a identidade formal —, deve se juntar de uma maneira incompreensível, como um elemento estranho, um *mais* do empírico, todavia não mais determinado por aquela identidade. Esse justapor de um B à pura egoidade se chama experiência, ou o justapor de um A a um B, se o B é colocado como o primeiro, agir racionalmente: $A = A + B$. O A em $A + B$ é a unidade objetiva da consciência de si, B é o empírico, o conteúdo da experiência, que está ligado como um múltiplo pela unidade A; mas para A, B é um estranho, um não-contido em A, e o *mais* ele mesmo, a ligação, a saber, entre aquele que liga e esse múltiplo, é o incompreensível. Esse *mais* foi reconhecido racionalmente como imaginação produtiva. Todavia na medida em que essa imaginação produtiva é unicamente propriedade do sujeito, do homem e de seu entendimento, ela mesma abandona o seu centro, mediante o que apenas ela é o que ela é, e se torna um subjetivo. É indiferente representar continuamente aquele saber formal como um saber sobre o fio da

A FILOSOFIA KANTIANA

identidade ou da conexão causal, pois o *A* como universal, na medida em que é contraposto ao (*A* + *B*) como o particular, é a causa; ou se reflete sobre o fato de que em ambos está contido um e mesmo *A*, que se liga como conceito ao particular, então essa relação causal aparece como relação de identidade segundo o lado pelo qual a causa está conectada ao efeito, isto é, do qual ela é efeito, a cujo lado todavia ainda se junta um outro. E é a mesma coisa dizer que a ligação causal pertence inteiramente ao juízo analítico ou que se passa nela para o absolutamente contraposto. Nesse saber formal, portanto, em geral a sua identidade formal se contrapõe absolutamente a uma multiplicidade; à identidade formal como em si essente, a saber, a ela como liberdade, razão prática, autonomia, lei, idéia prática etc. se contrapõe absolutamente a necessidade, as inclinações e os impulsos, a heteronomia, a natureza etc. A relação possível de ambos é a relação incompleta dentro dos limites de uma oposição absoluta, um ser determinado do lado múltiplo por meio da unidade, bem como um ser preenchido da vacuidade por meio do múltiplo, que se ajuntam de modo formal um ao outro, ativa ou passivamente, como um estranho. Na medida em que esse saber formal deixa subsistir a oposição em toda a sua absolutidade nas identidades escassas que produz e na medida em que lhe falta o elemento intermediário, a razão, porque cada um dos elos deve ser um absoluto, tal como o são na contraposição, então esse centro e o ser aniquilado de ambos e da finitude são um para-além absoluto. É reconhecido que essa oposição pressupõe necessariamente um centro, igualmente que ela e o seu conteúdo devem ser aniquilados nele. Mas não o aniquilar efetivo e verdadeiro, mas apenas a confissão de que o finito *deveria* ser suprimido; não o centro verdadeiro, mas por assim dizer apenas a confissão de que *deveria* ser uma razão é posta em uma fé cujo conteúdo é ele mesmo

HEGEL

vazio, porque fora dele deve permanecer a oposição que poderia constituir o seu conteúdo como identidade absoluta, oposição cujo conteúdo, se o seu caráter devesse ser expresso positivamente, é a ausência de razão, pois ele é um para-além absolutamente impensado, desconhecido e incompreensível.

Se tirarmos um pouco da roupagem afilosófica e impopular que recobre a fé prática da filosofia kantiana (a saber, a fé em Deus, pois a apresentação kantiana da fé prática na imortalidade despreza todos os aspectos próprios que a tornariam passível de consideração filosófica), então não está expresso nela nada mais senão a idéia de que a razão tem simultaneamente realidade absoluta, de que nessa idéia foi suprimida toda oposição da liberdade e da necessidade, que o pensamento infinito é simultaneamente realidade absoluta ou a identidade absoluta do pensamento e do ser. Esta idéia é nenhuma outra senão aquela que reconhece a prova ontológica e toda a filosofia verdadeira como a primeira e única, bem como a unicamente verdadeira e filosófica. O aspecto especulativo dessa idéia foi sem dúvida vertido na forma humana, para que a moralidade e a bem-aventurança entrem em harmonia e, se essa harmonia é transformada novamente em um pensamento e este é tornado o bem supremo no mundo, para que esse pensamento seja realizado — algo tão ruim quanto tal moralidade e bem-aventurança, a saber, a razão, como ela é ativa no finito, e a natureza, como ela é percebida no finito — não pode se erguer a nada de mais elevado do que a semelhante fé prática; esta fé é justamente apenas o mínimo que a imersão absoluta no empírico precisa, pois ela lhe deixa tanto a finitude de seu pensamento e fazer quanto a finitude de seu deleite. Se ela soubesse e visse que a razão e a natureza são absolutamente harmônicas entre si e em si mesmas ditosas, então ela teria de reconhecer como um nada a sua moralidade ruim, que não harmoniza com a bem-aventurança, e a sua bem-aventurança ruim, que não harmoniza com a moralidade; mas se trata de fazer com que ambas sejam algo, e algo elevado e absoluto. Mas desse modo essa moralidade insulta a natureza e o espírito da mesma, como se a organização da natureza não tivesse sido feita racionalmente, e ela, ao contrário, em sua miséria, para a qual o espírito do universo sem dúvida não se organizou, seria em si e eterna, e acredita justificar e honrar a si mesma por representar-se na fé a realidade da razão, mas não como algo que tivesse ser absoluto; pois se a realidade absoluta da razão tivesse a certeza verdadeira, então o finito, o ser limitado e aquela moralidade não poderiam ter nem certeza nem verdade.

Não deve ao mesmo tempo ser omitido que Kant permanece com os seus postulados dentro de seu limite verdadeiro e correto, o qual não é respeitado por Fichte. Segundo Kant ele mesmo, os postulados e a sua fé são algo subjetivo; permanece apenas a questão de como se toma esse subjetivo. É, a saber, a identidade do pensamento e do ser infinitos, da razão e sua realidade algo subjetivo? Ou apenas o postular e a fé do mesmo? O conteúdo ou a forma dos postulados? Não pode ser o conteúdo, pois o seu conteúdo negativo é imediatamente a supressão de todo o subjetivo; portanto, é a forma, ou seja, é algo subjetivo e contingente que a idéia seja apenas algo subjetivo; ele não deve ser em si nenhum postular, nenhum dever ser e nenhuma fé, e o postular da realidade absoluta da idéia suprema é algo irracional. Fichte não reconheceu essa subjetividade do postular e da fé e do dever ser, mas para ele são o em-si. Malgrado Kant reconheça contra isso que o postular, o dever ser e a fé são apenas algo subjetivo e finito, eles devem permanecer pura e simplesmente nisso como naquela moralidade, e que eles devam permanecer nisso ou que o ruim em si da coisa, a saber, a forma do postular, é justamente aquilo que obtém tanto crédito.

Esse caráter da filosofia kantiana — de que o saber é um saber formal e a razão, como uma negatividade pura, é um para-além absoluto, que é condicionado como para-além e negatividade mediante um aquém [*Diesseits*] e uma positividade, que a infinitude e finitude sejam ambos absolutamente iguais com a sua contraposição — é o caráter universal das filosofias da reflexão de que falamos. A forma em que se apresenta a forma kantiana e a dimensão instrutiva e culta que ela tem, bem como a verdade no interior dos limites, que ela não faz apenas para si mas também em geral para a razão, bem como descontado o aspecto interessante a partir do qual ela chega a idéias verdadeiramente especulativas, mas tão-somente como ocorrências subjetivas e pensamentos meramente irreais, é o seu aspecto peculiar, embora ela estabeleça a sua subjetividade absoluta em forma objetiva, a saber, como conceito e lei — e a subjetividade é capaz tão-somente mediante a sua pureza de passar para o seu contraposto, a objetividade —, e portanto de ambas as partes da reflexão, do finito e do infinito, eleva o infinito sobre o finito e torna pelo menos válido o elemento formal da razão. A sua idéia suprema é a vacuidade plena da subjetividade ou a pureza do conceito infinito, que está posto simultaneamente na esfera do entendimento como o objetivo, todavia aqui com as dimensões das categorias, no lado prático contudo como *lei objetiva*; no centro entre ambos os lados, um afetado pela finitude e o outro de um puro infinito, se encontra novamente a identidade ela mesma do finito e infinito posta apenas na forma do infinito como conceito, e a idéia verdadeira permanece uma máxima absolutamente subjetiva, em parte para o refletir, em parte para a fé; ela não é, todavia, para o centro do conhecer e da razão.

A FILOSOFIA JACOBIANA

A *filosofia jacobiana* tem em comum com a kantiana a finitude absoluta, a qual se mostra, na forma ideal, como saber formal e, na forma real, como empirismo absoluto — e o integrar de ambas por meio de uma fé que põe um absoluto para-além. Todavia, no interior desta esfera comum ela constitui o pólo contrário à filosofia kantiana, na qual finitude e subjetividade têm uma forma objetiva do conceito; a jacobiana, ao contrário, torna, de modo inteiramente subjetivo, a subjetividade em individualidade. Esse aspecto subjetivo do subjetivo ganha, como tal, novamente uma vida interior e parece, com isso, se tornar capaz da beleza do sentimento.

Consideraremos primeiro a subjetividade do saber, cujo lado formal Jacobi, com consciência, reconhece e apresenta puramente na abstração; tal como afirma positivamente o saber tão-somente nessa forma e nega a objetividade da razão no saber, assim também, ali onde polemiza, ele torna esse saber válido e, por meio do mesmo, contesta a ciência da razão.

Que Jacobi só concebe o saber formal, de uma identidade do entendimento cujo conteúdo é preenchido pelo empírico, um pensamento ao qual a realidade se aproxima geralmente de um modo incompreensível, é um dos poucos ou talvez o único ponto em que a filosofia jacobiana é objetiva e pertence à ciência; e este ponto é apresentado em conceitos distintos. A minha filosofia, diz Jacobi (*David Hume* [1787], prefácio, p. V), limita a razão, considerada por si mesma, à mera faculdade de perceber distintamente

A FILOSOFIA JACOBIANA

relações, isto é, de formar o princípio de contradição e julgar a partir dele; contudo, devo conceder que apenas a afirmação de enunciados meramente idênticos é apodítica e comporta uma certeza absoluta. De igual maneira (*Cartas sobre Espinosa*, p. 215 s., 2ª ed. de 1789):[1] A convicção segundo fundamentos é uma certeza de segunda mão (a primeira é a fé do que será depois); fundamentos são apenas características da *semelhança* com uma coisa de que estamos certos (a saber, por meio da fé); a convicção que eles produzem resulta da *comparação* e não pode jamais ser inteiramente segura e perfeita. Uma das cinco teses (*idem*, p. 225) da suma de suas afirmações é: podemos demonstrar apenas *semelhanças*, pois a demonstração é um progredir em enunciados idênticos — e cada prova pressupõe algo que já foi provado, do que o princípio é apenas uma revelação.[2] Cf. p. 421:[3] "O ofício da razão em geral é a associação progressiva e o seu ofício *especulativo*, a associação segundo leis conhecidas da necessidade...*A indeterminação essencial da linguagem humana* e da designação e o *aspecto mutável das formas sensíveis* faz quase sempre com que estes enunciados ganhem uma *aparência externa*, como se expressassem mais do que o mero *quicquid est, illud est*, mais do que um mero *factum*, que foi percebido, observado, comparado, reconhecido e associado a outros conceitos." (Ver também p. 238 e *David Hume*, p. 94.)[4]

A contraparte necessária para o princípio de identidade é o princípio do fundamento [*Satz des Grundes*], entendido como princípio do fundamento em geral quer como princípio de causalidade quer como união de ambos

---

[1] Jacobi, *Werke*, IV, seção 1, p. 210.
[2] Jacobi, *Werke*, IV, seção 1, p. 223.
[3] Jacobi, *Werke*, IV, seção 2, p. 150 s.
[4] Jacobi, *Werke*, IV, seção 1, p. 231; II, p. 193.

segundo as distinções jacobianas (*Cartas sobre Espinosa*, p. 415);[5] e este princípio é considerado tendo em vista a matéria, na medida em que se avança de conceitos para conceitos ou de conceitos para sua realidade ou de realidades objetivas para outras realidades objetivas.

A cultura filosófica mais antiga depositou na expressão do princípio do fundamento o testemunho de seus esforços racionais, e a sua hesitação entre razão e reflexão, bem como sua transição para esta última, é designado de modo bastante acertado na diferença que Jacobi faz entre o princípio lógico do fundamento tomado como relação causal, o qual constitui tanto o caminho do entendimento quanto o combate contra a filosofia que queremos seguir. Jacobi reconhece no princípio do fundamento o seu significado como princípio do entendimento racional, *totum parte prius esse necesse est* (*David Hume*, p. 94),[6] ou o singular é determinado apenas no todo; ele tem a sua realidade apenas na identidade absoluta, a qual, na medida em que é posto nela algo de diferenciável, é totalidade absoluta. Em certo sentido, diz Jacobi, o *totum parte prius esse necesse est* não é nada mais do que *idem est idem*, mas num outro sentido não, pelo fato de que ambos os sentidos devem ser essencialmente diferenciados e absolutamente separados um do outro, tão logo tenha início esse dogmatismo fundamental.

Jacobi, a saber, compreende o princípio do fundamento como puro princípio de contradição e, nesse sentido, o denomina lógico — como unidade abstrata, para a qual é certamente necessário que se junte ao diferente, como ocorre com o empírico — e distingue uma relação causal, na qual se refletirá sobre o heterogêneo, que se junta à identidade do conceito e que é um dado empírico, e afirma a relação

[5] Jacobi, *Werke*, IV, seção 2, pp. 144-147.
[6] Jacobi, *Werke*, II, p. 193.

A FILOSOFIA JACOBIANA

causal segundo esta peculiaridade como um conceito da experiência. O modo como ele demonstra (*David Hume*, p. 99 s.)[7] e se refere a isso (*Cartas sobre Espinosa*, p. 415) é uma parte notável do empirismo lockeano e humeano, ao qual foi misturado uma parte igualmente ofuscante do dogmatismo analítico alemão, ainda pior que o de tipo mendelssohniano, e o mundo não poderá agradecer suficientemente aos deuses, e a Kant, por ter sido livrado dele. No princípio do fundamento e, a saber, na totalidade, Jacobi sente a falta das partes, e ele tem de buscá-las em algum lugar fora do todo; ou todas as partes já foram efetivamente reunidas em um todo e estão disponíveis nele; mas tal conhecimento intuitivo das partes a partir do todo é apenas *algo subjetivo* e incompleto, *pois* falta ainda o vir-a-ser objetivo e a sucessão, e por esse motivo a relação causal deve se juntar ainda à totalidade. Leia-se a dedução, como diz Jacobi, da necessidade absoluta do conceito de causa e efeito e de sucessão nas seguintes passagens (*David Hume*, p. 111 ss.):[8]

"Além das coisas percebidas, ainda uma coisa efetiva, que é percebida, é necessária à nossa consciência humana (e posso já acrescentar, à consciência de qualquer ser finito)."

"Onde dois seres criados, que são um fora do outro, se encontram em tal relação recíproca que um atua no outro, então ali está um ser extenso."

"Sentimos o múltiplo de nosso ser reunido em uma pura unidade, que denominamos nosso Eu. O inseparável em um ser determina a sua individualidade ou faz dele um todo efetivo [...]. Percebemos em geral na extensão corpórea algo que seja de algum modo análogo à individualidade, na medida em que o ser extenso jamais pode ser

---

[7] Jacobi, *Werke*, II, p 199 ss.
[8] Jacobi, *Werke*, II, p. 208.

dividido enquanto tal, mas coloca em todos os lugares diante dos olhos a mesma unidade que uma variedade reúne inseparavelmente em si mesma."

"Se indivíduos também têm a capacidade de atuar para além de si [...], então, caso deva se produzir uma ação, eles devem entrar em contato mediata ou imediatamente com outros seres."

"À conseqüência imediata da impenetrabilidade no contato denominamos resistência. Assim, onde há contato, também há impenetrabilidade de ambos os lados e, por conseqüência, também resistência, ação e reação." *Ambos são, portanto, a fonte da sucessão e do tempo*, da representação dos mesmos.

Por conseguinte, do pressuposto de que existem seres singulares, que se revelam a si mesmos e que se encontram em comunhão uns com os outros, resultou essa dedução dos conceitos de extensão, de causa e efeito e de sucessão, ou a dedução do ser absoluto da finitude, e simultaneamente resulta disso que esses conceitos devem ser comuns a todos os seres finitos e que revelam a si mesmos e também têm, *em todas as coisas em si*, o seu objeto independente do conceito e conseqüentemente um significado objetivo verdadeiro.

Ou seja, semelhantes conceitos — que em cada experiência devem estar dados completamente e como a primeira coisa, de tal maneira que, sem o seu aspecto objetivo, não seria possível nenhum objeto de um conceito e, sem o seu conceito, nenhum conhecimento —, semelhantes conceitos se chamam pura e simplesmente conceitos universais ou necessários, e aqueles juízos e conclusões que têm origem neles se chamam *conhecimentos a priori*.

Vemos que essa dedução abrange a relação causal em toda a sua extensão e que aqui deveria ser fornecido algo mais conclusivo do que a dedução kantiana. Essa dedução

A FILOSOFIA JACOBIANA

jacobiana merece tão pouco o nome de uma dedução, que ela nem ao menos pode ser considerada uma análise comum do pressuposto, a saber, do conceito da comunidade de coisas singulares. Pressupõe-se, a partir do empirismo mais ordinário, algo que aterroriza qualquer especulação, a saber, o ser absoluto de uma consciência humana e de uma coisa senciente e de uma coisa percebida e sua comunidade; mediante conceitos intermediários supérfluos, eles são finalmente analisados conjuntamente como ação e reação, e *essa* é a *fonte* do sucessivo — também aqui cessa o analisar. Não se vê de modo algum a utilidade de tal artifício, pois, já com a aceitação absoluta não analisada de uma coisa senciente e de uma coisa que é percebida, toda a filosofia é lançada para fora do campo de batalha. Notável é a diferença entre a pressuposição e o resultado da dedução kantiana das categorias: segundo Kant, todos esses conceitos de causa e efeito, sucessão etc. se restringem pura e simplesmente ao fenômeno; as coisas em que essas formas são objetivas, bem como um conhecimento desses objetos, são pura e simplesmente nada *em si*; o em-si e a razão são elevados acima dessas formas da finitude e conservados em sua pureza — um resultado que confere a Kant o mérito imortal de ter estabelecido um novo começo para a filosofia em geral. Mas é nesse nada da finitude que Jacobi vê um em-si absoluto e, com o sonho dessa arma, combate a vigília de Espinosa.

Se estabelecemos anteriormente a aniquilação kantiana do entendimento pelo fato de que faz dele, com as suas formas, certamente algo subjetivo, mas nessa forma algo positivo e absoluto, então Jacobi, ao contrário, depois de ter tirado tão afortunadamente ação e reação, sucessão, tempo etc. da comunidade de coisas finitas, acredita que, para que esses conceitos fundamentais e juízos se tornem independentes da experiência, não precisa torná-los prejuízos do entendimento, dos quais precisamos ser curados, na medida em que aprendemos a conhecer que eles não se referem a nada em si e, por conseguinte, não têm nenhum significado verdadeiro e objetivo; pois os conceitos fundamentais e os juízos não perdem nem a sua universalidade nem a sua necessidade quando são retirados daquilo que deve ser comum a todas as experiências e estar na sua base.

Eles ganham, ao contrário, um grau muito maior de universalidade incondicionada (e tem o incondicionado grau?) quando não são meramente válidos para o homem e sua sensibilidade peculiar, mas podem ser deduzidos a partir do ser e da comunidade de coisas singulares em geral. Mas se os nossos sentidos não nos ensinam nada sobre a constituição [*Beschaffenheiten*] das coisas, nada sobre as suas relações e ligações recíprocas, sim, nem ao menos que existem efetivamente no entendimento transcendental, e se o nosso entendimento se relaciona meramente a semelhante sensibilidade objetiva e inteiramente vazia e que não *apresenta absolutamente nada sobre as coisas elas mesmas*, para obter, segundo regras completamente subjetivas, intuições completamente subjetivas mediante formas completamente subjetivas, então eu sou tudo e, para além de mim, nada no entendimento propriamente dito. E Eu, o meu todo, sou no final apenas uma ilusão vazia de algo, a forma de uma forma, um fantasma. Semelhante sistema extermina todas as reivindicações do conhecimento da verdade até a base e deixa para os objetos mais importantes apenas tal fé cega, inteiramente destituída de conhecimento, como não se exigiu até agora de nenhum homem.[9]

Um distinção é necessária aqui: a fé kantiana destituída de conhecimento resulta apenas de Kant desconhecer o racional como tal, mas não de sua grande teoria *de que o entendimento não conhece nada em si*. Ao contrário, aquilo com que Jacobi enriquece o conhecimento humano são coisas como o ser absoluto das coisas finitas e a sua comunidade do tempo, da sucessão e da conexão causal, que também (*David Hume*, p. 119) têm nas *coisas em si* o seu

[9] *David Hume*, p. 119 ss; Jacobi, *Werke*, II, p. 214 ss.

A FILOSOFIA JACOBIANA

objeto independente do conceito. Mas que tais *absoluta*[10] da finitude objetiva fossem negados, reconhecidos como nada em si e, conseqüentemente, a finitude subjetiva, o Eu sensível e pensante, o *meu* todo, seriam de igual modo também um embuste [*Blendwerk*], que tanto o meu todo finito como o todo do finito objetivo sucumbem diante da razão — para Jacobi, isso é o terrível e o repugnante; a repulsa da aniquilação do finito está tão firmemente colocada quanto o correspondente, a certeza absoluta do finito, e se mostrará completamente como o caráter fundamental da filosofia jacobiana. Poder-se-ia considerar como uma melhoria da dedução kantiana que Jacobi conceba a sucessão e a conexão causal como relação em geral, a saber, como uma mera relação relativa, limitada a coisas finitas, e, na dedução das mesmas, se o que foi anteriormente mencionado fosse uma dedução, partindo não como Kant meramente de um entendimento consciente, mas ao mesmo tempo de um entendimento destituído de consciência; sem deixar de mencionar que a relação, considerada subjetivamente, ou o entendimento consciente e a relação, considerados objetivamente, ou quando se encontram um ao lado do outro de modo inteiramente dualista e independente como entendimento e relação das coisas, e que Kant tem a relação ao menos simplesmente como uma relação sem uma diferença entre um entendimento subjetivo e uma relação particularmente objetiva e todavia não exterior ou estranha —, se devemos conceber o entendimento em Kant também como algo subjetivo e, portanto, como apenas *um* entendimento, onde pelo menos é expresso o aspecto formal da filosofia, então o resultado mais importante de Kant é sempre o de que essas relações do finito (seja tão-somente relações do subjetivo ou simultaneamente relações das coisas) não são nada em si e o conhecimento a partir delas ape-

[10] Em latim no original. (N. do T.)

nas um conhecimento de fenômenos (embora não se deva ir além desse conhecimento, que, desse modo, se torna absoluto). O apriorístico jacobiano das relações, ao contrário, consiste em elas também pertencerem às *coisas em si*, isto é, que as coisas finitas, a coisa senciente e, além dessa, a coisa efetiva, que é percebida, são *coisas em si* e as relações de tais coisas (a sucessão, o nexo causal, a resistência etc.) são relações racionais ou idéias verdadeiras, de modo que a aparente melhoria, segundo a qual as relações não seriam um mero aspecto subjetivo do entendimento consciente, mas também um aspecto objetivo e destituído de consciência, constitui na verdade um dogmatismo absoluto e uma elevação do finito até um em-si.

A aplicação ao sistema de Espinosa da fundamentação do ser absoluto do finito, que foi levado a cabo por Jacobi, resultou da importante diferenciação entre o princípio do fundamento e a causalidade; ela tem duas formas: por um lado, que lhe falta o conceito de sucessão; por outro, que, no fundo, ele existe, mas no absurdo de um tempo eterno.

No que se refere à ausência do tempo, Jacobi apreende a filosofia de Espinosa de modo que este último tivesse querido levar a termo uma *explicação natural da existência [Dasein] de coisas finitas e sucessivas*. Mas na medida em que reconhecia as coisas segundo conceitos da razão como simultaneamente existentes — pois nos conceitos da razão não há nenhum antes ou depois, mas tudo é necessário e simultâneo — e o universo de modo eterno, então Jacobi cometeu o erro de tomar o princípio do fundamento tãosomente logicamente, instituindo desse modo nenhuma sucessão objetiva e efetiva, mas apenas uma subjetiva e ideal, que não poderia nem ao menos existir idealmente, se não houvesse na sua base uma sucessão *efetiva* no sujeito,

A FILOSOFIA JACOBIANA

que ela gera no pensamento; no princípio lógico do fundamento, a sucessão é ela mesma o incompreensível.[11]

Não há nada a dizer sobre tal recordação psicológica, de que uma sucessão subjetiva e ideal pressupõe uma sucessão efetiva no sujeito. Em parte, com isso nada foi dito, em parte foi dito algo de errado, já que a sucessão ideal se refere a equivalências matemáticas de Espinosa, do que trataremos mais tarde, e segundo a sua verdade apenas pode ser algo real, porque ela é a simultaneidade absoluta da totalidade e de modo algum sucessão. Contudo, essa absoluta simultaneidade da totalidade e o conhecimento das coisas, tal como elas são de um modo não temporal, mas eterno, Jacobi atribui ao princípio do fundamento e à negligência da lei de causalidade, entendida na verdade de tal modo que o tempo está posto nela. E que essa causalidade e o tempo não podem ser negligenciados, sendo o motivo absoluto para tanto, segundo Jacobi, o fato de o tempo ser em si e absoluto; e o princípio do fundamento ou a totalidade são denominados por Jacobi lógicos, porque nele causa e efeito são simultâneos e não é posto nenhum tempo. Mas se *não* é esquecido o princípio da causalidade e a sua diferença em relação ao princípio do fundamento, então fica-se preso em total imobilidade no tempo;[12] e em Jacobi esta é uma exigência absoluta. Quando Jacobi adverte tão insistentemente para que não se esqueça as suas diferenças, porque mediante o conceito de razão surge o infortúnio de que na idéia suprema, na idéia do eterno, são perdidos a finitude, o tempo e a sucessão, então semelhante advertência se equipara verdadeiramente ao aceno conhecido de um sentinela sério de um reino, que grita para o inimigo que se aproxima não atirar, porque poderia causar infortúnio — como se tal infortúnio não fosse justamente aquilo que se pretendia.

[11] Jacobi, *Werke*, IV, seção 2, pp. 135-145; II, p. 199.
[12] Jacobi, *Werke*, IV, seção 2, p. 146 s.

Por tudo ser simultâneo no conceito de razão, Jacobi chegou à correta e simples conclusão que, a partir disso, somos obrigados a aceitar, que na natureza tudo é simultâneo, e o que denominamos de sucessão, um mero fenômeno. É algo propriamente incompreensível que Jacobi concorde com a descoberta deste princípio paradoxal, tal como o denomina e o qual se admira que Mendelssohn tenha sido o primeiro a encontrar inadvertidamente (conseqüência e duração, diz muito bem Mendelssohn,[13] são determinações *necessárias* do pensamento *limitado*), pois foi Jacobi que teve de defendê-lo diante dos outros filósofos aos quais o apresentara — não seriamente, mas apenas como uma conseqüência necessária do princípio do fundamento —;[14] incompreensível que se vanglorie de sua descoberta como de um princípio que não seja de Espinosa. Poderia Jacobi, comentador de Espinosa, conceber que Espinosa pôs o tempo em Deus, e que segundo ele o tempo pertence apenas à *natura naturata*? Veremos a seguir efetivamente que, depois de concluir que Espinosa deveria explicar o tempo propriamente como um mero fenômeno, ele encontra o tempo em Espinosa e, na verdade, na absurdidade de um tempo eterno. Se nas poucas passagens em que Espinosa — por exemplo, no livro segundo da *Ética* e em cartas — se refere de passagem a esta forma subordinada da sucessão e separa a série infinita de coisas finitas sob essa forma da abstração, denominando-a não de *pensamento*, mas emprega para ela *imaginari* e de maneira suficientemente determinada *auxilium imaginationis*, então Jacobi conhecia certamente a diferença espinosana entre *intellectus* e *imaginatio*. A simultaneidade absoluta e que Deus não seja a causa transitória, mas eterna das coisas, e que ela esteja fora de Deus, isso é também no tempo, e que o tempo não seja nada em si —

---

[13] Jacobi, *Werke*, IV, seção 1, p. 109.
[14] Jacobi, *Werke*, II, p. 196 s.

A FILOSOFIA JACOBIANA

cada linha do sistema de Espinosa transforma o princípio segundo o qual tempo e sucessão são um mero fenômeno em uma tal trivialidade, que não se vê nisso nem o menor vestígio de novidade e paradoxalidade. Jacobi menciona (*Cartas sobre Espinosa*, p. 409),[15] que Espinosa estava convicto de que tudo deve ser considerado apenas *secundum modum, quo a rebus aeternis fluit* e que o tempo, a medida e o número são modos de representação separados deste *modo*, portanto, enquanto seres imaginários. Como não há então de pertencer esse princípio a Espinosa? Para Jacobi, esse princípio é tão paradoxal que ele não apenas o afirmou seriamente, mas fez dessa forma mais finita da finitude simplesmente algo absoluto, e fundamentou toda a refutação de Espinosa argumentando que este princípio do fundamento de tal modo que o tempo esteja nele inserido e explicou, a partir disso, a ilusão de Espinosa sobre a filosofia, assim como ele mesmo, Jacobi, em virtude dessa finitude, reconhece esse empreendimento da razão como impossível e contingente.

Contudo, Jacobi encontra efetivamente em Espinosa a inconseqüência de ter estabelecido o tempo como algo em si; no fundo (onde está este fundo?) ele encontra na série infinita de coisas singulares, as quais uma depois da outra se efetivaram, um *tempo eterno*, uma finitude infinita, e essa afirmação absurda não pode ser removida com base em nenhuma figura matemática, pois nesse ponto Espinosa se deixou enganar por sua imaginação.[16]

Queremos esclarecer primeiro a série infinita de coisas finitas de Espinosa, e depois o tempo eterno que Jacobi tira daí e a ilicitude das equivalências matemáticas.

É justamente o *infinitum actu*, que Espinosa menciona

---

[15] Jacobi, *Werke*, IV, seção 2, p. 141.
[16] Jacobi, *Werke*, IV, seção 2, p. 135 s.

na 29ª carta,[17] e que também Jacobi leva em consideração, e a propósito do qual Espinosa diz que aqueles que misturam as coisas da imaginação (número, medida e tempo) com as coisas elas mesmas, porque desconhecem a verdadeira natureza das coisas, negam essa mesma natureza,[18] é o que Jacobi mistura com o infinito da imaginação. Espinosa define o infinito (*Ética*, p. 1, pr. VII, esc. 1) como a afirmação absoluta da existência de qualquer natureza, e o finito, ao contrário, como uma negação parcial.[19] Essa determinação simples faz do infinito conceito indivisível verdadeiro e absoluto, igual a si mesmo, que encerra em si mesmo simultaneamente o particular ou finito segundo o seu ser e é único e indivisível, e esta infinitude, na qual nada está negado e determinado, Espinosa denomina infinitude do entendimento; trata-se da infinitude da substância, e o seu conhecimento é a intuição intelectual, na qual o particular e o finito estão, enquanto conhecimento intuitivo, excluídos e contrapostos não como no conceito vazio e como a infinitude da abstração, e esse infinito é a idéia ela mesma. Em contrapartida, o infinito da imaginação surge de um modo inteiramente diferente, a saber, tal como se expressa Espinosa, podemos determinar e dividir como preferirmos a existência e a duração do *modus*, se nos voltarmos não para a ordem da natureza ela mesma, mas para o seu ser particular, na medida em que o seu conceito não é o conceito da substância ela mesma, e se compreendermos abstratamente a quantidade da substância, a duração segundo o modo com que ela flui das coisas eternas, então surge para nós o tempo e a medida.[20] Ou ainda mediante aquilo que Espinosa denomina

---

[17] Segundo a numeração do editor Gerhardt: *Epistula* XII (*Opera*, v. 4, p. 55 s.).

[18] Espinosa, *Opera*, t. 1, p. 530.

[19] Espinosa, *Opera*, t. 2, p. 39.

[20] Espinosa, *Opera*, t. 1, p. 528 s.

A FILOSOFIA JACOBIANA

imaginação ou, em geral, mediante a reflexão é posto primeiro algo de finito e é parcialmente negado; e essa parte, que é parcialmente negada, posta para si e contraposta ao que não é negado em si, o pura e simplesmente afirmativo, essa parte parcialmente negada torna esse infinito ele mesmo em algo em parte negado ou em uma abstração, isto é, numa razão pura e na infinitude kantiana, na medida em que a mesma foi conduzida à oposição — e o eterno deve ser posto como a identidade absoluta de ambos, eternos em que esse infinito e aquele finito são novamente aniquilados segundo a sua oposição.

Outra coisa é, todavia, se o abstraído, o finito ou o infinito permanecem o que são e cada um deve [*soll*] ser tomado na forma do contrário; aqui, um é determinado como não sendo o que o outro é, e cada um é posto e não posto como sendo este determinado e como sendo outro; e aquele que foi posto desse modo desemboca na infinitude empírica. A duração, enquanto posta unicamente pela imaginação, é um momento do tempo, um infinito e, fixado como tal, um em parte negado, determinado em si e por si simultaneamente como sendo outro; esse outro, que obtém a sua efetividade por meio da imaginação, é de igual modo outro. Essa negação, ela permanece o que é; tornada positiva pela imaginação, ela fornece o infinito empírico, isto é, uma contradição absoluta, não solucionada.

Jacobi responsabiliza Espinosa por esta infinitude empírica, que só é posta na medida em que são postas coisas singulares (*Ética*, P. I, Pr. XXVIII) — coisas singulares, que Jacobi, ao contrário, pôs anteriormente de modo absoluto em sua dedução como uma coisa que se percebe e como uma coisa que é percebida, mas que em si simplesmente não é nada —, já que nenhum filósofo estava mais distante do que ele de aceitar algo semelhante; pois com o não ser em si das coisas finitas são excluídos imediatamente tal infinitude empírica e o tempo. Segundo Jacobi, Espinosa garante que depende meramente da nossa imaginação, se nos representamos como um tempo eterno uma série *de coisas singulares que se seguem umas às outras e surgem objetiva e efetivamente umas das outras.*[21] Mas como deveria Espinosa admitir e considerar, segundo a verdade, *como algo essente em si* uma seqüência infinita *de coisas singulares que se seguem umas às outras e surgem objetiva e efetivamente umas das outras?* O erro reside já nessa série de coisas singulares que se seguem umas às outras, que Jacobi considera como um absoluto, e é o próprio Jacobi que introduz o singular e o tempo na infinitude de Espinosa. Na medida em que é considerada em seu lado negativo face à imaginação ou à reflexão, uma idéia é justamente idéia porque pode ser convertida pela imaginação ou pela reflexão em um absurdo; esse processo de transformação é o mais simples. A imaginação ou a reflexão se dirigem tão-somente a coisas singulares ou a abstrações e ao finito, e essas valem para aquelas como absolutos; na idéia, todavia, essa singularidade e finitude é aniquilada pelo fato de que o contraposto da reflexão ou da imaginação, o ideal ou empiricamente contraposto, são pensados como um único. A reflexão pode compreender que aqui são postas como idênticas coisas que ela põe como particulares, mas não que elas sejam com isso simultaneamente aniquiladas; pois justamente apenas enquanto a reflexão é ativa, os seus produtos são absolutos. Na medida em que ela, portanto, põe ambas nesta identidade, a identidade daquilo que para ela é apenas enquanto for separado e a permanência absoluta do mesmo, então ela encontra afortunadamente um absurdo. Jacobi põe assim o abstrato do tempo e o abstrato de uma coisa singular, produtos da imaginação e da reflexão, como essentes em si e

---

[21] Jacobi, *Werke*, IV, seção 2, p. 135 s.

A FILOSOFIA JACOBIANA

constata que, quando é posta a simultaneidade absoluta da substância eterna, são igualmente postos a coisa singular e o tempo, que são apenas na medida em que foram retirados dela, mas não reflete a respeito deles que, quando são novamente dados à substância eterna de que foram retirados, cessam de ser aquilo que são apenas quando arrancados dela; ele conserva, portanto, o tempo, a singularidade e a efetividade na infinitude e eternidade elas mesmas.

Se a tendência desejável de explicar não é satisfeita com o fato de que o tempo não é ainda em si e que ele se perde na eternidade e Jacobi supõe que Espinosa quis, com a sua filosofia, fornecer uma *explicação natural para a existência de coisas finitas e sucessivas*, então resulta do anteriormente mencionado algo que na verdade é uma explicação do tempo, a saber, uma abstração feita em uma idéia eterna. Portanto, Jacobi poderia fazer imediatamente a abstração do tempo na totalidade ou no princípio do fundamento e desse modo compreender o tempo a partir deste último; mas encontrar na totalidade a abstração como tal e nesta forma, isso é algo que se suprime imediatamente. Alcançamos a abstração do tempo se isolamos o pensamento dos atributos e não o compreendemos como atributo da substância absoluta, atributo que como tal expressa ela mesma, mas o fixamos, abstraído dela, como pensamento vazio, infinitude subjetiva e pomos essa abstração numa relação relativa com a singularidade do ser. Por meio dessa abstração, o tempo é então verdadeiramente reconhecido a partir da eternidade e, se se quiser, explicado; contudo, a sua dedução a partir de uma comunidade de coisas singulares fornecerá uma explicação mais natural, na medida em que o que foi pressuposto, as coisa singulares, já é algo natural. A partir da naturalidade, por meio da qual a filosofia queria fornecer o seu modo de explicação, se torna completamente visível que não compreende outra coisa senão o saber formal e o pensar e conhecer refletido segundo a imaginação; pertencem a isso as passagens acima mencionadas sobre o conceito de saber de Jacobi. De tal modo natural não é, a saber, possível nenhuma compreensão filosófica, e em Espinosa se encontram bem poucas linhas sobre esta naturalidade; como Jacobi entende por explicação natural o conhecer segundo a imaginação, então em Espinosa tudo é sobrenatural e, desse modo, a afirmação de Jacobi de que o mundo não se deixa explicar[22] naturalmente encontrará na maioria das vezes a sua confirmação em Espinosa, o qual não apenas a apresentou mas também a executou. Mas desse modo é removida em geral toda a assim chamada naturalidade e, com isso mesmo, também aquela supranaturalidade, pois ela só é na medida em que se contrapõe a um natural; e não se deve creditar a isso que a razão, como diz Jacobi (*Cartas sobre Espinosa*, p. 419), procura transformar o extranatural ou sobrenatural em um natural, nem mesmo o natural em um sobrenatural;[23] mas aquela naturalidade, isto é, o mecanismo e conexão causal e o tempo bem como o saber, que prossegue na pura identidade e analisa os fatos, não está de modo algum dada para ela.

Por fim, no que diz respeito às equivalências matemáticas de um *actu* infinito, ao qual Espinosa contrapunha o embuste da imaginação e com o qual ele deve, segundo Jacobi, ter se iludido por meio de sua imaginação, então Espinosa está tão seguro de sua questão, que ele diz: como pensaram mal aqueles que consideram o *actu* infinito um absurdo; sobre isso podem ajuizar os matemáticos, que não se deixaram parar por argumentos desta classe em coisas clara e distintamente conhecidas.[24] O exemplo de Espi-

---

[22] Jacobi, *Werke*, IV, seção 2, p. 147.
[23] Jacobi, *Werke*, IV, seção 2, p. 148 s.
[24] Espinosa, *Opera*, t. 1, p. 530.

A FILOSOFIA JACOBIANA

nosa é o espaço, que está encerrado entre dois círculos que não possuem um ponto central comum, segundo a figura que elaborou como símbolo autêntico dos seus *Princípios da filosofia cartesiana*, na medida em que recuperou, por meio deste exemplo, a infinitude empírica do transbordamento infinito da imaginação e a colocou diante de si. Os matemáticos concluíram que as desigualdades possíveis neste espaço são infinitas, não a partir da quantidade infinita das partes — pois o seu tamanho é determinado e limitado, e eu posso pôr espaços maiores e menores, isto é, infinitudes maiores e menores — mas porque a natureza do problema ultrapassa qualquer determinação do número;[25] há neste espaço limitado um infinito *efetivo*, um *actu* infinito. Vemos neste exemplo, a saber, o infinito, que foi anteriormente determinado como a afirmação absoluta ou como o conceito absoluto, apresentado ao mesmo tempo para a intuição, portanto no particular, e o conceito absoluto é *actu*, a identidade de contrários; se essas partes são mantidas uma fora da outra e como tais postas identicamente, esse particular é posto efetivamente como tal, expresso em números e deve ser posto segundo o conceito identicamente em sua incomensurabilidade, então surge a infinitude empírica nas séries infinitas dos matemáticos. A incomensurabilidade, todavia, consiste em que o particular é dispensado da subsunção sob o conceito, é decomposto em partes, as quais são absolutamente determinadas e absolutamente desiguais entre si e se, depois de terem sido equiparadas no conceito intuitivo, são agora comparadas umas com as outras, não estão mais na identidade, mas apenas na relação. Em suma, trata-se de nada mais do que da transformação da geometria em análise, da doutrina pitagórica, a qual é ela sozinha toda a verdadeira geometria, nas séries das funções de linhas curvas.

[25] Espinosa, *Opera*, t. 1, p. 531.

HEGEL

Resulta disso o verdadeiro caráter do pensamento, que é infinitude; na medida em que, a saber, o conceito absoluto é infinitude — afirmação absoluta em si —, contudo, como sua identidade, voltado contra o que se lhe contrapõe e é finito, então ele é negação absoluta, e esta negação posta como essente, como real, é o pôr de contrários: $+A - A = 0$. O nada existe como $+A - A$ e é, segundo a sua essência, infinitude, pensamento, conceito absoluto, afirmação pura e absoluta. Essa infinitude abstraída da substância absoluta é aquilo que Fichte fez com que a nossa nova cultura da subjetividade conhecesse como Eu ou como pura consciência de si, a saber, como o eterno fazer ou produzir da diferença, que o pensamento reflexivo conhece sempre apenas como produto. O que, no fenômeno, é mantido um fora do outro, incomensurável, a diferença enquanto produto, é igual a si nas últimas relações, na infinitude, isto é, onde os contrários são simultaneamente excluídos, e a identidade na relação com os incomensuráveis postos como essentes para si (nos números) é um infinito, um nada; mas os incomensuráveis não como essas abstrações que são essentes para si (nos números), nem como partes que existem sem o todo, mas segundo aquilo que são em si, a saber, enquanto postos apenas no todo, então o conceito verdadeiro, a igualdade verdadeira do todo e das partes, e a infinitude afirmativa, o *actu* infinito, estão dados para o conhecimento intuitivo ou geométrico. Esta idéia do infinito é uma das mais importantes no sistema espinosano, e numa apresentação do mesmo deveria desempenhar um papel maior do que apenas o de fornecer um predicado ocioso para o pensamento, a extensão etc. — como ocorre com os princípios de Jacobi. Reside nela justamente o mais importante, o conhecimento do ponto de união dos atributos; mas sem esta idéia, as idéias supremas de Espinosa são apresentadas de um modo formal, histórico, assim como na 14ª tese

A FILOSOFIA JACOBIANA

[no *Espinosa* de Jacobi] os atributos e modos se juntam à substância absoluta na forma ordinária da reflexão das *propriedades*.[26]

Classifiquemos rapidamente as formas de infinitude. O infinito verdadeiro é a idéia absoluta, identidade do universal e do particular ou identidade do infinito e do finito mesmo, a saber, do infinito na medida em que ele se contrapõe a um finito. E esse infinito é puro pensamento; posto como essa abstração, ele é identidade pura, absoluta e formal, conceito puro, razão kantiana, Eu fichteano. Mas posto diante desse finito, é de igual maneira nada absoluto em relação ao mesmo: $+A - A = 0$; é o lado negativo da idéia absoluta. Este nada posto como realidade, a infinitude posta não como sujeito ou produzir, como tal ela é tanto pura identidade quanto nada, mas como objeto e produto ela é $+A - A$, o pôr de contrários. Nenhuma dessas formas da infinitude é, todavia, a infinitude da imaginação ou a empírica. A primeira infinitude é a da razão absoluta; a infinitude da pura identidade ou a negatividade é a da razão formal ou negativa. O infinito, contudo, em sua realidade como $+A - A$, em que um é determinado como infinito e o outro como finito, ou a finitude em geral, é o infinito da reflexão e da imaginação, ao que pertence o que foi indicado acima, se um finito deve ser posto como absoluto, isto é, simultaneamente como um outro. Em Jacobi, a infinitude se coloca ou como algo ocioso ou como o empírico da imaginação, e isso o induz a considerar que Espinosa, em seu exemplo matemático (Jacobi fala de mais exemplos, mas só há um na 29ª carta , e na *Ética*, P. I, Prop. XV, escól., não é Espinosa que se vale do exemplo, mas sim o lança contra os seus adversários), queria apresentar uma infinitude empírica como *actu* existente, e se dá por satisfeito com o exemplo matemático na medida em que certamente

[26] Jacobi, *Werke*, IV, seção 1, p. 183 s.

não encontra nisso qualquer infinitude objetiva e efetiva, e sim uma subjetiva e ideal.

Onde percebemos um nexo entre causa e efeito (*David Hume*, p. 94), ali nos tornamos conscientes do múltiplo numa representação, e isso ocorre no tempo que o gera — sendo que essa sucessão ideal é ela mesma uma sucessão *efetiva* no sujeito.[27] Espinosa realizou aqui muito mais do que se propôs, pois de modo algum ele pensou no seu exemplo em sucessão, e ela também não pode ser vista ali. Jacobi encontra pelo menos uma sucessão subjetiva; para ele, portanto, o exemplo tem um significado psicológico e empírico em vez de filosófico. Contudo ele ainda não encontra elemento empírico *suficiente*, a saber, nem fora do psicológico, nem uma sucessão efetiva e objetiva nele, embora o ideal tenha ele mesmo, uma sucessão efetiva no sujeito.

A natureza desse procedimento polêmico consiste, portanto, em que Jacobi ou sente falta da sucessão e da finitude e a exige pura e simplesmente na especulação, ou começa a explicá-la e então encontra inconsistências. Vimos anteriormente, no que se refere ao saber, o lado positivo desse ser fixado no finito segundo a forma ideal, saber que é compreendido progressivamente na linha da semelhança e da identidade e como carente de um *factum*, que lhe deve ser dado como um estranho, o +*B*, em relação ao qual se representa a identidade do conceito como algo que vem em acréscimo. Jacobi possui expressões espirituosas e plenas de significado para esta empiria em geral e para a individualidade do sentido, a qual determina a abrangência e a beleza desta empiria, e que, mediante a razão, a empiria do homem tem um caráter diferente da empiria do animal, bem como para a apresentação empírica de individualidade subjetiva ou de sentido. Questões referentes à relação da empi-

[27] Jacobi, *Werke*, II, p. 193 ss.

A FILOSOFIA JACOBIANA

ria com o saber, tais como (*Contribuições de Reinhold*, 3º caderno, p. 92): que o espaço e o tempo são fatos, porque o movimento é um fato. *"Um homem que nunca tivesse se movido não poderia representar-se nenhum espaço; quem nunca se modificou, não conheceria nenhum conceito de tempo [...]. A priori*, não *poderíamos* chegar ao conceito de tempo tal como chegamos à pura multiplicidade, à associação associativa [*verbindenden Verbindung*], à espontaneidade producente do entendimento";[28] e talvez devamos atribuir isso ao compilador Köppen[29] e não a Jacobi.

Espirituosas são as expressões da empiria e sobre a empiria, porque aludem a idéias especulativas, e os interesses dos escritos jacobianos estão voltados para esta música do soar e ressoar de idéias especulativas, a qual, na medida em que as idéias irrompem no *medium* do ser absoluto da reflexão, permanece todavia apenas um ruído e não deve prosperar, quando a questão diz respeito à ciência, para aquilo que é esperado, para palavras cientificamente articuladas (*logos*). Se esse ruído de idéias como algo objetivo, que ele não pode ser, pudesse ser tomado pelo conceito, apreendido e capturado como bem comum do pensamento, então, considerando-se tão-somente o sentido dessas expressões, não se poderia negar nele uma exposição da razão. Por exemplo, imediatamente depois de atribuir (*Cartas sobre Espinosa*, como antes mencionado) à razão apenas a capacidade de analisar um *factum* e de associar segundo a identidade pura, Jacobi narra na página 423 os seus pensamentos fundamentais: que ele toma o homem sem dividi-lo, e que *ele* acha que a sua consciência é *composta* de duas representações originárias, da representação do con-

---

[28] Jacobi, *Werke*, III, p. 172.

[29] Friedrich Köppen, 1775—1858, professor alemão de filosofia e autor, entre outros, de *Filosofia do cristianismo [Philosophie des Christentums]* (1815). (N. do T.)

HEGEL

dicionado e da do incondicionado, as quais estão inseparavelmente conectadas.[30] Porventura não é uma separação
isto, que a consciência, segundo Jacobi, deixa ser composta
a partir de duas representações absolutamente contrapostas? De acordo com a página seguinte, tão logo compreendemos, permanecemos numa cadeia de condições condi-
cionadas [*bedingter Bedingungen*] e na natureza que pode
ser compreendida; mas essa conexão da compreensão e da
natureza cessa, e num absoluto para-além, isto é, sem conexão, se encontra algo sobrenatural, incompreensível e incondicionado.[31] Como pode então Jacobi dizer que ele *não*
divide os homens, já que deixa a sua consciência existir a
partir de contrários absolutos? Ou, ao contrário, ele o toma
já como dividido, na medida que o considera segundo o
fenômeno da consciência? Mas, se devemos efetivamente
tomar o homem, sua consciência e sua composição como
algo indiviso, como pretende Jacobi, então devemos compreender aquilo que Jacobi denomina princípio do conhecimento e da razão como a identidade indivisa do condicionado e do incondicionado e já que, segundo Jacobi,
aquele é natural e este sobrenatural, como identidade do
natural e do sobrenatural, e assim teríamos nesta incondici-
onalidade condicionada [*bedingten Unbedingtheit*] ou con-
dicionalidade incondicionada [*unbedingten Bedingtheit*] a
mesma inconsistência da infinitude finita [*endlichen Unendlichkeit*] que Jacobi encontra em Espinosa, e pelo menos a
aniquilação dos opostos natural e sobrenatural, finito e infinito, ou seja, pelo menos a libertação da reflexão que torna
a contraposição absoluta e o contrapor algo em si.

Poder-se-ia, por conseguinte, apreender como uma
idéia especulativa a seguinte observação (*Diário ocioso*,
1802, p. 30): Onde há sentido, ali há começo e fim,

---

[30] Jacobi, *Werke*, IV, seção 2, p. 152.
[31] Jacobi, *Werke*, IV, seção 2, p. 154.

A FILOSOFIA JACOBIANA

separação e união, estão dados um e outro e o sentido é o terceiro; e (*Contribuições de Reinhold*, 3° caderno, p. 70): "O sinal característico de um sentido em geral é a duplicidade e o estar-no-centro entre sujeito e objeto", e mais ainda na p. 95: "A sensibilidade não determina, tampouco o entendimento; o princípio de individuação se encontra fora deles. Neste princípio é fornecido o segredo do múltiplo e do uno em associação inseparável, o *ser*, a *realidade*, a *substância*. Os nossos *conceitos* a esse respeito são puros conceitos recíprocos: unidade pressupõe integralidade [*Allheit*], integralidade pluralidade, pluralidade unidade; por isso, unidade é começo e fim desse círculo eterno e se chama *individualidade, organismo, objeto-subjetividade*." O centro deste círculo, que é simultaneamente ponto intermediário e periferia e mantém a reciprocidade, não deixando um desaparecer quando o outro surge, seria a idéia da razão, da identidade absoluta e todavia dupla do uno e do plural; semelhante idéia é, contudo, um saber e conhecimento inteiramente diferente daquele que só analisa fatos dados e progride segundo a semelhança.

Essa forma de Jacobi elevar a reflexão sobre si apenas de um modo espirituoso é a saída necessária, para a expressão da razão, quando da finitude e da subjetividade se faz algo absoluto; como exposição espirituosa, a razão se protege de assumir em si mesma o elemento infinito do conceito e tornar-se bem comum e cientificidade, mas, afetada pela subjetividade, ela permanece algo peculiar e particular. No anel que ela oferece, o qual é símbolo da razão, pende um pedaço de pele da mão que o estende e do qual se quer prescindir se a razão tem a ver com relação científica e com conceitos — uma espirituosidade que, segundo a inconsistência de uma infinitude finita [*endlichen Unendlichkeit*], de um algo que é simultaneamente começo e fim, de uma composição do condicionado e do incondicionado etc., se aproxima novamente de um formalismo da razão, o qual é obtido de modo barato. Por mais subjetiva que seja a forma desse filosofar, tanto mais subjetivo e finito deve ser também o tema dele, pois a finitude é algo em si. O apresentar e filosofar diz respeito, em primeiro lugar, aos homens e é sobre os homens; que *nós* nos encontremos postos sobre a Terra, e assim como nela se tornarem as *nossas* ações, assim também se tornará o *nosso* conhecimento; assim como for a nossa constituição moral, assim também será a nossa idéia de todas as coisas que se relacionam com ela, etc. Contra essa recordação permanente do homem e a celebração e narração de seu instinto racional e seu sentido fala Epiteto, esquecendo-se do homem, na passagem que Jacobi indica (*Diário ocioso*, p. 22): Como sou um ser racional, o meu ofício é adorar a Deus (e não aos homens); esta é a minha vocação e quero cumpri-la.

O *filosofar herderiano*[32] é ou uma pequena modificação em relação a essa peculiaridade de não poder suportar o absoluto na forma do conhecimento racional, mas apenas no jogo com conceitos da reflexão ou em exortações isoladas que — como Kant culmina com a idéia na crença prática — terminam com a filosofia no mesmo momento em que a pareciam ter iniciado, ou em relação a essa peculiaridade de poder suportar o racional apenas como bela sensação, instinto e individualidade — com a diferença apenas de que a forma herderiana tem inclusive a vantagem de ser ainda mais objetiva. A espuma do espinosismo e as prédicas que confundem razão e linguagem, como Jacobi[33] denomina a filosofia herderiana, resulta justamente do fato de que, assim como Jacobi põe no lugar do pensamento racional a expressão do sentir, a subjetividade do

---

[32] Johann Gottfried von Herder, 1744—1803, filósofo e escritor alemão. (N. do T.)

[33] Jacobi, *Werke*, IV, seção 2, p. 79.

A FILOSOFIA JACOBIANA

instinto etc., assim também Herder põe no lugar daquilo que foi racionalmente pensado algo em que o racional é igualmente oculto, a saber, um conceito da reflexão. O conceito de poder, assim como o conceito de matéria e de pensamento, diz Herder (*Deus*, 2ª edição [Gotha, 1800], p. 126), quando desenvolvidos, convergem, segundo o sistema espinosano, no conceito de *força originária* — a força originária eterna, a força de todas as forças é apenas uma (p. 169). O conceito real em que estão todas as *forças* não só fundamentadas, mas que todas juntas não esgotam, esse conceito infinitamente excelso é: *efetividade*, *realidade*, existência ativa; trata-se do conceito principal em Espinosa, e a natureza (p. 245 ss.) é um reino de forças *vivas* e incontáveis *organizações*, das quais cada uma é, a seu modo, não apenas sábia, boa e bela, mas algo perfeito, *isto é*, uma cópia da sabedoria, bondade e beleza elas mesmas etc. O cabelo encanecido e a unha arrancada entram novamente numa outra região da conexão do mundo, no qual atuam e padecem segundo a sua posição atual na natureza etc.[34]

Não significa isso, como diz Jacobi,[35] adquirir o maior mérito do pesquisador, desvelar e revelar a *existência* [*Dasein*]? Não apenas para o conhecimento filosófico, como tampouco para Jacobi, mas, ao contrário, com igual esforço ambos removem a forma científica do conhecimento racional ali onde ela se dá. Herder está perfeitamente consciente da maneira com que apresenta o ponto central do sistema espinosano: "Eu não saberia (*Deus*, 2ª edição, p. 77) dizer mediante qual *palavra*-chave se deixariam capturar mais desembaraçadamente as atividades efetivas e eficientes, o *pensamento* do mundo espiritual e o *movimento* do mundo dos corpos, do que pelos conceitos de *força*, *poder* e *órgão*. Com a expressão forças

---

[34] Herder, *Werke*, v. 16, pp. 479 s., 502 e 504 s.
[35] Jacobi, *Werke*, IV, seção 1, p. 72.

orgânicas designa-se ao mesmo tempo o interior e o exterior, o espiritual e o corpóreo. Trata-se todavia apenas de uma *expressão*; pois *não compreendemos* o que é força e também não queremos com isso ter explicado a *palavra* corpo."[36] É bem essa a vocação de Jacobi, colocar no lugar de idéias filosóficas *expressões* e *palavras* que não devem nem ser sabidas nem entendidas; sem dúvida, elas poderiam possuir também um sentido filosófico, mas a polêmica de Jacobi se dirige justamente contra as filosofias em que isso é feito seriamente e o seu significado filosófico é expresso. Na consideração final do texto de Jacobi sobre o criticismo (*Contribuições de Reinhold*, 3º caderno), é Köppen quem melhor diz do que se trata: ser livre e imortal, homem, irmão, tomado pela mais elevada devoção, entrega e amor — como pode a letra da *tua razão filosofante* te ensinar melhor aquilo que *crês, esperas e sabes vivamente no mais sagrado da tua alma*: o reino do infinito sobre ti, virtude em decorrência da liberdade, vida eterna! etc.[37] Tal derramar-se frio e insípido do coração, que vem da razão enquanto instinto e a que Jacobi sempre se refere, pretende ser mais do que um enunciado da razão filosofante a que quer renunciar.

Devemos tratar aqui brevemente de um motivo de *polêmica* contra a *filosofia kantiana* que repousa no mesmo motivo daquela contra Espinosa: "sobre o empreendimento do criticismo de trazer a razão para o entendimento e de fornecer em geral uma nova intenção para a filosofia" (*Contribuições de Reinhold*, 3º caderno). O instinto de Jacobi se prendeu, contra o conhecimento racional, justamente naquele ponto em que a filosofia kantiana resulta especulativa, a terminologia não é em si clara e se encontra dificultada por meio da apropriação de um pensamento

---

[36] Herder, *Werke*, v. 16, p. 452.
[37] Jacobi, *Werke*, III, p. 194 s.

A FILOSOFIA JACOBIANA

reflexivo, sendo, por isso, inútil para a razão filosófica de uma cultura [*Bildung*] passada, e se utiliza do lado especulativo no produto da apresentação que se perde, a fim de galimatizá-la com muito menos esforço e torná-la sem sentido para a reflexão não especulativa. Nesta polêmica, o caráter da filosofia da reflexão expressa os seus princípios em contornos bem definidos.

Uma crítica propriamente dita desse ensaio precisaria expor também a vacuidade da sua vociferação e a sua essência mordaz, odienta e, mediante deturpações, levada até a malícia; dentre os exemplos que há para este último, há um na nota preliminar,[38] onde deve ser fornecido, na exposição kantiana das formas da intuição, um exemplo para o desacordo do sistema consigo mesmo e para a mescla de empirismo e idealismo e, para esse fim, é primeiro *documentado* que espaço e tempo são meras formas, que eles não *podem* jamais *se tornar* objetos, e para isso é citada a *Crítica da razão pura* ([B] p. 347), onde se lê: "A mera forma da intuição sem substância não é *em si* objeto algum, [...] intuir como formas o espaço puro e o tempo puro, que certamente *são* algo, mas que não *são* eles mesmos objetos intuídos", onde não se encontra nenhuma palavra sobre que eles não *podem se tornar* objetos (veremos mais adiante em que sentido). "Eles não se deixam nem intuir nem perceber", prossegue Jacobi, citando para esse fim a *Crítica da razão pura* ([B] p. 207), onde não se encontra nada sobre não se deixarem intuir, e sobre o perceber, que eles de modo algum são percebidos em si, porque são intuições formais e puras, não fenômenos (isto é, identidades da intuição e da sensação), não objetos da percepção. E *não obstante*, diz Jacobi, essas formas não objetivas da intuição são, de acordo com outras declarações, também objetos, para o que é citada a *Crítica da razão pura*

---

[38] Jacobi, *Werke*, III, p. 77 ss.

([B] p. 160), onde se lê (nas notas, pois no texto mesmo não há nada sobre objetos): espaço considerado como *objeto* (está grifado pelo próprio Kant), como se carece dele efetivamente na geometria, contém *mais* do que a mera forma da intuição — no que Kant distingue intuição formal como unidade da representação intuitiva, que aparece como uma mera multiplicidade em relação ao conceito de entendimento, mas não tem unidade alguma em si mesma, e, como também observa expressamente, que o entendimento como síntese transcendental da imaginação é a unidade do espaço e do tempo, tornando-a primeiramente possível ([B] p. 152-6) — uma das passagens mais acertadas do que Kant diz sobre a sensibilidade e a apriuridade. Essa contradição reside apenas no fato de que a forma da intuição, enquanto forma pura e abstraída contraposta ao conceito do entendimento, não *é* objeto, mas, como na geometria, pode ser tornada objeto em virtude de sua unidade interna, *a priori*, a qual não se *destaca* nele todavia como mera forma da intuição. Por fim, com o que foi dito, deve residir uma contradição em espaço e tempo não serem meras formas da intuição, mas propriamente intuições e, como tais, inclusive representações singulares ([B] p. 136). Representações singulares, individuais (contrapostas ao conceito) significam para Kant o mesmo que intuição, e não se pode dizer deste conceito de Kant senão que ele é excelente e um dos seus mais puros e profundos conceitos. Entre o que foi mencionado e aquilo que Jacobi apresenta como contraditório, a despeito da verdade ou falsidade do conceito, onde se encontra uma outra contradição do que aquela que Jacobi introduz mediante uma citação falsa?

Na página seguinte, Jacobi diz:[39] "*Fichte, a quem pareceu incompreensível como o Eu toma de empréstimo à matéria a sua realidade e substancialidade*" etc. Para essa

---

[39] Jacobi, *Werke*, III, p. 79.

A FILOSOFIA JACOBIANA

excelente exposição do sistema kantiano, feita de passagem — como de passagem também é menosprezado Fichte —, de que graças ao mesmo *o Eu toma de empréstimo à matéria a sua realidade e substancialidade*, é citado em *Crítica da razão pura* ([B] p. 277 ss., p. 276 e no período seguinte da p. 277): "Apenas aqui é demonstrado (por Kant contra o idealismo) que a experiência exterior é propriamente imediata, que apenas por meio dela é possível, *sem dúvida não a consciência de nossa própria existência*, mas sim *a determinação da mesma no tempo*, ou seja, a experiência interior. *Sou eu* que expresso a consciência que pode acompanhar todo pensamento que encerra imediatamente em si mesmo a existência de um sujeito, mas ainda *nenhum conhecimento do mesmo*, e com isso também *não conhecimento empírico*, isto é, experiência; pois a isso pertence, além do pensamento de algo existente, também intuição e, aqui, intuição interior [...], a qual é possível apenas de modo mediato e por meio de intuições exteriores. *Nota* 2: Com isso concorda completamente também todo uso empírico de nossa faculdade cognitiva na determinação do tempo. Não é apenas porque podemos perceber toda determinação temporal somente por meio de trocas em relações externas no que se refere ao permanente no espaço (por exemplo, o movimento do Sol), que não temos nada permanente que possamos atribuir, como intuição, ao conceito de uma substância, do que meramente a *matéria*, e mesmo essa permanência *não* é criada a partir de experiência *exterior*, mas *a priori* como condição *necessária* de toda determinação temporal, portanto pressuposta também como determinação do sentido interior com vistas à nossa própria existência [*Daseins*] por meio da existência [*Existenz*] de coisas exteriores. A consciência de mim mesmo na representação do *Eu* não é intuição alguma, mas uma mera representação intelectual da espontaneidade de um sujeito pensante. Por isso, esse Eu também não tem o menor predicado da intuição, que, enquanto permanente, poderia servir, no sentido interno, como correlato para a determinação temporal: assim como a impenetrabilidade está, enquanto intuição empírica, na matéria." Reproduzimos essa passagem na íntegra para que fique claro com ela o quão leviana é a exposição *de que o Eu toma de empréstimo à matéria a sua realidade e substancialidade.* Kant exige para a experiência algo em que se determine a mudança do tempo base como permanente, e esse permanente é a matéria e, na verdade, como um *a priori*; a substancialidade é essa permanência no tempo determinada relativamente à experiência — de cujos predicamentos relativos à experiência Kant exclui expressamente o "eu sou" e inclusive a existência do sujeito, de modo que aquilo que Kant diz é *toto coelo* distinto do que se encontra em Jacobi, sem toda aquela explicação sobre realidade, substancialidade e matéria, e confere um significado para realidade, substancialidade e matéria, bem como para o Eu, inteiramente diverso daquele quando se diz em geral: eu *tomo de empréstimo* à matéria a sua substancialidade. Citar e tratar Kant dessa maneira não significa maltratá-lo pior do que a um cachorro morto?

Quando Kant representa corretamente na experiência tanto o momento da sensação quanto da intuição e da categoria como produzindo apenas fenômeno e não fornecendo nenhum conhecimento do em-si e do eterno, o que Jacobi concebe "como uma exterminação profunda de todas as reivindicações ao conhecimento da *verdade* e como o resíduo de uma fé cega, inteiramente destituída de conhecimento, tal qual jamais alguém exigiu dos homens até agora", então se faz compreensível o tratamento odioso em geral a partir do seu princípio já mostrado de que o finito e o fenômeno são absolutos para ele. Assim, a filosofia ja-

A FILOSOFIA JACOBIANA

cobiana também rebaixou as palavras verdade e fé ao significado da efetividade mais ordinária e empírica, de cujas palavras a verdade merece ser usada no comércio filosófico e a fé foi efetivamente usada pela certeza do eterno e do efetivo não-empírico. Jacobi difama a aniquilação de tal verdade e crença empíricas no conhecimento sensível como se ela fosse um ataque ao sagrado, uma profanação.

À citação falsa e à difamação se junta ainda um terceiro ingrediente da exposição polêmica, a saber, o *galimatizar*. Essa arte é muito simples; ela consiste na apreensão do racional mediante a reflexão e a transformação do mesmo num inteligível, por meio do que ele se torna em si e por si mesmo uma inconsistência, tal como vimos que o tempo foi galimatizado na eternidade e infinitude de Espinosa. Para não falar de tais inversões — como quando denomina a síntese de uma ação e então novamente diz sobre ela, em relação à imaginação, que é um *efeito* da mesma, Jacobi conclui disso a seguinte pergunta: Essa *faculdade* é um efeito?,[40] algo que repete fielmente também aquele que continua o texto e dá razão a Kant quando a considera mero efeito da imaginação cega —[41] nem apresentar detalhadamente exemplos, pois o ensaio prossegue num tom galimatizador e que redunda na preparação do absurdo, estabelecemos a questão principal, tal como Jacobi a concebe, como a relação das assim denominadas faculdades.

Foi mostrado na exposição da filosofia kantiana como, no interior desta esfera, Kant coloca de modo excelente o *a priori* da sensibilidade na identidade originária da unidade e multiplicidade, e na verdade na potência do estar imerso da unidade na multiplicidade enquanto imaginação transcendental, mas coloca o entendimento como elevando a unidade sintética *a priori* da sensibilidade à universalidade

[40] Jacobi, *Werke*, III, p. 128 s.
[41] Jacobi, *Werke*, III, p. 162.

e, por conseguinte, essa identidade surge em oposição relativa com a sensibilidade, a razão novamente como a potência suprema da oposição relativa anterior, mas de tal modo que essa universalidade e infinitude é apenas a infinitude formal e pura e é fixada como tal. Jacobi transforma numa referência recíproca das faculdades essa construção autenticamente racional, mediante a qual permanece apenas o nome ruim de faculdade e, na verdade, é posta *uma* identidade de todas elas. "A razão [...] se *refere* em vós *ao* entendimento; o entendimento *à* imaginação; a imaginação *à* sensibilidade; a sensibilidade, por sua vez, novamente *à* imaginação como a uma faculdade das intuições *a priori*; essa imaginação, por fim, se refere a quê? Evidentemente, a nada! Ela é a verdadeira tartaruga, o fundamento absoluto, o essente de todos os seres. Ela produz a si puramente a partir de si mesma e, como a possibilidade ela mesma de tudo o que é possível, não apenas o que é possível, mas também o que — talvez! — é impossível."[42] É a essa bela associação que Jacobi conduz as faculdades; e que algo repouse sobre si mesmo, certamente não a imaginação como separada da totalidade, é para ele não só tão não filosófico como a imagem dos parvos índios que acreditam que o mundo é sustentado por um ser que repousa sobre si mesmo, como também injurioso; e porque cada um sabe desde a sua juventude e por meio da psicologia que a imaginação é uma faculdade criadora, então, segundo Jacobi, a filosofia quer convencer, mediante semelhante imaginação, que o homem inteiro é efetivamente uma trama sem começo e sem fim, composto a partir do engano e da ilusão, do delírio, do sonho, que o homem inventou e criou para si uma religião e uma língua etc., como é discutido e apostrofado sem cessar no *Diário*. Em suma, Jacobi compreende tal imaginação, bem como

[42] Jacobi, *Werke*, III, p. 115 s.

A FILOSOFIA JACOBIANA

uma razão que gera a si mesma, como algo arbitrário e subjetivo e a experiência sensível como verdade eterna.

Em virtude daquela exposição galimatizadora da construção kantiana do espírito cognoscente, Jacobi se convence (p. 52) que vós vedes como ele apreendeu suficientemente bem a vossa questão, e quer ser tão magnânimo e não vos repreender de que vos enganais propositadamente.[43] O editor Reinhold faz a seguinte observação naquela exposição *verdadeira*: "as funções aqui descritas devem reconhecer a filosofia kantiana, na medida em que ela quer conservar *também apenas* a *aparência* de ser conseqüente, como os princípios de sua teoria da faculdade cognitiva silenciosamente pressupostos por ela; a filosofia fichteana, ao contrário, apresenta expressamente as funções mencionadas, e na verdade com um intuir, pensar e querer de todas". A principal pergunta feita por Jacobi é: como a filosofia kantiana chega *a priori* a um juízo, como ela conduz o absoluto ao nascimento da finitude, o tempo puro ao nascimento de tempos e o espaço puro ao nascimento de espaços? O dilema eterno é o seguinte: se a filosofia conhece uma passagem do eterno para o temporal, então é fácil mostrar que ela põe o temporal no eterno ele mesmo e, portanto, torna o eterno temporal; se ela não conhece essa passagem, então ela põe a simultaneidade absoluta da totalidade para o conhecimento intuitivo, de modo que o diferente não existe na forma de partes e seres temporais, e então ela é deficiente, pois também deve ter e explicar o temporal, o determinado e o singular. Este último é o pensamento ordinário da reflexão, para o qual Jacobi acredita possuir um torniquete, ao qual mesmo a filosofia kantiana não poderia resistir. Ele compreende afortunadamente como isso não pode faltar, a totalidade

---

[43] Jacobi, *Werke*, III, p. 121.

da intuição intelectual ou da síntese *a priori*, que simplesmente encerra em si mesma a diferença, como uma unidade abstrata, e não tem portanto as partes no todo, mas *ao lado* da unidade abstrata, para a qual ele faz o todo, e acha necessário que, se se devesse *explicar* uma síntese *a priori*, então dever-se-ia *explicar* simultaneamente uma antítese pura; não se encontra, todavia, nem a menor suposição dessa carência; o múltiplo para a síntese é pressuposto por Kant empiricamente e, não obstante, deveria permanecer, se se abstraísse de todo o empírico, como se a síntese originária não fosse uma identidade do diferente.

Mas, sem dúvida, o diferente não está nisso como um puramente finito, antitético, tal como Jacobi o concebe. O sintetizar originário seria, segundo Jacobi, um determinar originário, mas um determinar originário seria um criar a partir do nada. Já foi lembrado anteriormente que, para a reflexão, o nada começa justamente onde não há nenhuma finitude absoluta, isolada, abstraída da substância absoluta, e que a realidade da reflexão contraposta ao nada da reflexão, o algo da reflexão, é pura e simplesmente apenas esta contraposição absoluta e finitude absoluta. Que a síntese seja uma unidade pura, e portanto que não há nela nenhuma diferença, é um único e simples pensamento ampliado para um barulho sem fim que beira o absurdo, e para um ruído e uma algazarra teimosa. Jacobi cria a idéia da síntese, bem como de toda a filosofia kantiana, a partir de passagens isoladas, e quando Kant considera, entre outros, a síntese como ação de colocar diversas representações uma ao lado da outra e compreender a sua multiplicidade em um conhecimento, então o que é mais claro nisso do que o fato de que ele já pressupõe a antítese para a sua identidade? Jacobi mistura convenientemente tudo o que é orgânico na construção kantiana e torna claramente ao seu bel-prazer tempo, espaço, imaginação transcendental, tudo em unida-

A FILOSOFIA JACOBIANA

des puras e sólidas, que não têm nada a ver umas com as outras; ele torna a si mesmo solidez absoluta do espaço e indaga: como vós poderíeis penetrar na minha solidez e fazer com que surja em mim apenas *um* único ponto distinto? Como tempo, espaço, unidade da consciência, poderiam penetrar uns nos outros? — sem considerar que que a pureza do tempo, do espaço e da imaginação transcendental são criações do mesmo modo que aquilo que *o ponto* é esta intuição sem ruído e sem turvação da solidez infinita do espaço. No que diz respeito ao tempo, Jacobi está um pouco mais satisfeito com ele, pois acredita que ele é uma ponte entre o real e o ideal, entre o intelectual e o material, e pode tomá-lo como um sentido: ele tem dois extremos e está em algum lugar no centro e é, portanto, um sentido — que em geral é este algo dotado de dois extremos e estar-no-centro entre objeto e sujeito. Mas se a imaginação já gera um tempo que tem em si um começo, um meio e um fim, então ela não sabe significar quão grandes ou pequenos são esses ovos gerados; ela precisa determinar isso no espaço para o qual passa Jacobi e que coloca para si como sua identidade e continuidade infinitas, puras e não deturpadas, e, firmemente estabelecido nesta unidade, afirma que, em toda a eternidade, uma imaginação pura e vazia que estivesse sozinha com o espaço não poderia gerar ponto algum. Se deve ser concebida uma delimitação no espaço puro, como Jacobi narra muito bem, então isso que põe uma delimitação (ou melhor, realidade) deve ser algo acima tanto da intuição pura como do conceito puro, um algo que não está nem sob uma intuição (sensível) nem sob um conceito. Para Jacobi, isso conduz a uma determinação em parte verdadeira, em parte equivocada: ele não intui e não compreende por si mesmo quaisquer conceitos; ele é um agir igual e mais puro de ambos e, enquanto tal, é denominado de *unidade sintética da apercepção transcendental*.[44]

Com essas palavras, portanto talvez no ponto em que poderia se ter começado a tratar da questão, termina a elaboração propriamente dita de Jacobi; no ponto em que o barulho e a algazarra até então vazia de pensamentos pareceram poder obter um interesse, porque não se tratou até agora de nada senão de unidades vazias e apenas do entendimento, imaginação e razão galimatizados, Jacobi interrompe com aquilo que torna compreensível por meio do atestado de sua saúde na nota preliminar e suprime ao mesmo tempo completamente uma eventual esperança de que seria ele mesmo sucedido com algo melhor, na medida em que (*Nota preliminar*, p. 5) não vê mais diante de si nenhuma daquelas passagens perigosas propriamente ditas, mas um trecho pequeno, algo intransitável, todavia *já percorrido em mais de sua metade*.[45] Isso se torna mais compreensível, se pelo precedente não se tornou já suficientemente compreensível, na página 61, quando é dito que vós procurais introduzir em vão uma diferença em vossas unidades e continuidades puras e qualitativas, na medida em que atribuís a uma delas *o nome* de *sintética* (a questão está, portanto, apenas no nome). "Digo que uma é tão pouco quanto a outra capaz de dividir e de somar, a síntese não ocorre simplesmente *por meio* dela, pois então teria de ter em si mesma o fundamento da *antítese*: *hoc opus, hic labor*; mas é impossível que o espaço vazio e o tempo vazio e a consciência tenham em si mesmos a origem da antítese."[46] Em suma, o decurso da questão é que a unidade sintética absoluta, a totalidade, encerra em si mesma todas as partes e toda a diferença — mas o Eu, diz Jacobi, é apenas um

[44] Jacobi, *Werke*, III, pp. 112-158, passim.
[45] Jacobi, *Werke*, III, p. 65 s.
[46] Jacobi, *Werke*, III, p. 132 ss.

A FILOSOFIA JACOBIANA

nome; é uma unidade abstrata, uma unidade vazia, como pode então ser o fundamento mesmo da divisibilidade e da antítese?

O conceito da identidade e da unidade transcendental se torna inteiramente inteligível mediante a amizade generosa daquele que dá continuidade ao texto. Para ele, a passagem da unidade transcendental é igualmente pouco perigosa e está mais do que parcialmente banida; ele acredita que talvez *ainda* careça de algumas explicações o pensamento uniforme tratado ao longo das 81 páginas (exceto a nota preliminar) de que a unidade pura, como Jacobi concebe o espaço etc., não é nenhum múltiplo. Neste fluxo astênico de algazarras e disputas encontra-se sobre a síntese *a priori*, na qual Jacobi parou, o seguinte: "Suponhamos que exista um múltiplo puro, por meio do quê seria então possível a ligação? Evidentemente, pelo fato de que ela *teve lugar* em um *terceiro*!" Köppen esclarece esses pensamentos claros do seguinte modo: "Suponhamos que *nós tivéssemos* um diverso no espaço, então a *sua ligação* consiste em que *existe* na consciência." Mais claramente: "*O que liga* ambos os objetos espaciais? *O espaço. O que liga* a multiplicidade da consciência? *A consciência.* A síntese inteira nos revela *nada mais* do que uma *identidade.*" Essa explicação se torna mais compreensível por meio da seguinte: "*Na medida em que* dois objetos *se encontram* no espaço, eles são, enquanto *espaciais*, perfeitamente iguais; *na medida em que* se *encontram* na consciência, eles são, *enquanto existentes na consciência*, perfeitamente os mesmos. *Para quê* se carece aqui ainda de *uma ação particular* de ligação? *Toda a síntese* não é *completa* já por meio do espaço e da consciência como *receptividades passivas*? [...] O entendimento não faz, portanto, nada senão equiparar, e para que isso seja possível *pressupõe-se* um *encontrar* de iguais e um *encontrar* de desiguais [...]. Cada juízo é uma expressão de uma identidade já encontrada [...]. O que ainda se quiser atingir em um juízo além do que é indiferenciável pertence ao *elemento material* do mesmo e, *por isso*, não toma a sua origem no entendimento. E esse comércio do entendimento, esse estar atento, compreender uma identidade *existente*, para cuja finalidade deve destruir todo o particular e suprimir todo o diverso, chamarse-ia *síntese*? Ao contrário, desse modo é suprimida toda a síntese!"[47]

É isso que diz Köppen sobre a unidade transcendental da apercepção transcendental ou da imaginação produtiva. O conceito de saber de Jacobi é expresso de um modo bastante inteligível, quando se diz que nós homens captamos as coisas como fatos por meio do sentido e da revelação sobrenatural do ver, do perceber e do sentir, que o que foi assim tomado da experiência (que torna melhor o homem melhor organizado e melhor intencionado do que uma organização pior e um sentido pior) *já foi sintetizado completamente*, que *nada* precisa nem pode ser *primeiro* sintetizado por nós; pois a nossa atividade nisso que foi dado sinteticamente é o oposto de um sintetizar, não é um analisar do mesmo, e essa unidade analítica que *encontramos* no objeto é tão pouco um sintetizar, um associar do múltiplo, que, ao contrário, o múltiplo, o material, resulta por meio da unidade analítica em um pequeno recorte. Espaço, consciência etc., o mundo objetivo, a natureza: podemos compreender isso apenas segundo unidades analíticas e podemos apenas decompô-las; abriu-se com isso (*Cartas sobre Espinosa*, p. 242) um campo *ilimitado* (isto é, destituído de fim e de totalidade) para a nossa investigação, a qual já somos obrigados a elaborar em virtude de nossa conservação *física*; também podemos produzir aquelas coisas de que descobrimos o mecanismo,

---

[47] Jacobi, *Werke*, III, p. 161.

A FILOSOFIA JACOBIANA

se os meios estão em nossas próprias mãos. O que podemos construir desse modo ao menos na representação compreendemos; e o que não podemos construir também não compreendemos.[48] O conhecimento do entendimento é um equiparar incessante, que denominamos conectar e que é apenas uma diminuição e simplificação avançada do múltiplo — e, se fosse possível, até o seu completo afastamento e eliminação (*Diário*, p. 32).[49] Dizemos, ao contrário, que a imaginação transcendental e o conhecimento racional são algo inteiramente diferente daquilo que compreende Jacobi, que eles nem analisam a natureza nem fragmentam o dado em unidade analítica e multiplicidade, mas, sendo eles mesmos algo orgânico, vivo e uma totalidade, a idéia de totalidade é criada e construída como identidade originária absoluta do universal e do particular, cuja identidade Kant denominou sintética, não como se um múltiplo estivesse diante dela, mas porque ela é em si mesma indiferenciada, com dois extremos, de modo que a unidade e a multiplicidade não entram nela reciprocamente, mas se separam nela e, como diz Platão, são mantidas juntas pelo centro. Jacobi concede ao sentido a duplicidade, porque aparentemente não pode ser isso que está em questão, que ele não tem a ver com um objeto *dado* e, a despeito de sua duplicidade, não é mera passividade e receptividade — como se na sua duplicidade e centro já não estivessem os extremos.

Jacobi adaptou no *Diário Ocioso*, de 1802, a algazarra e a disputa do artigo das *Considerações* para um público não filosófico e para o gosto [*Gaumen*] do diletantismo filosófico e, a fim de suavizar o amargor, ainda misturou sentenças sentimentais de Jean-Paul,[50] com o prejuízo de

---

[48] Jacobi, *Werke*, IV, seção 2, p. 153.
[49] Jacobi, *Werke*, II, p. 227.
[50] Johann Paul Friedrich Richter, 1763—1825, escritor alemão. (N. do T.)

ter associado os seus editos mordazes e sentimentais às idéias humorísticas plenas de sentido de Lichtenberg;[51] pois, pelo contraste, o bom-humor ponderado de Lichtenberg aumenta diretamente a impressão de um humor superficial e amargo. Quão longe foram conduzidas essas difamações maldosas do criticismo, que não servem a nenhum ensinamento e que são tão-somente capazes de preencher, mediante hábil severidade, o público não filosófico com repugnância e aversão por esse fantasma que é a filosofia kantiana; quão longe foram gnomas e sentimentalismos como: o impulso de cada ser vivo é a *luz* deste ser, o seu direito e a sua força; ele só pode transitar *sob essa luz*, só pode atuar com esta força. Nenhum ser finito tem a sua vida em si mesmo e, desse modo, também não a partir de si mesmo — a *chama* de sua luz, a *potência* de seu coração...Múltiplo é o dom da vida, o despertar na mesma, a sua condução e o seu uso. Semelhante ao animal, o homem desperta primeiro como criatura sensível junto à natureza meramente sensível — vede ali o sorridente, o balbuciante etc.[52] Em que medida tudo isso é espirituoso e edificante pertence a outra seção da crítica.

Assim como o artigo filosófico das *Contribuições de Reinhold*, também o artigo popular contém passagens que poderiam ter um significado filosófico segundo uma consideração ingênua, por exemplo, na nota da página 40 (o grifo se encontra do seguinte modo no *Diário*): sensação, memória e imaginação pressupõem uma anterioridade e uma originariedade da consciência e da atividade, um *princípio* da vida e do conhecimento, um *em-si-mesmo essente* que, enquanto tal, não pode ser nem *propriedade* nem *efeito*, de modo nenhum *algo que surgiu no tempo*,

---

[51] Georg Christoph Lichtenberg, 1742—1799, escritor alemão e professor de física experimental, famoso por suas frases espirituosas. (N. do T.)

[52] Jacobi, *Werke*, III, p. 203 e s.

A FILOSOFIA JACOBIANA

mas deve ser *ser de si mesmo*, *causa de si mesmo* (segundo as *Cartas sobre Espinosa*, p. 416,[53] a *causa sui* tem todavia a sua origem no esquecimento da diferença essencial entre o princípio do fundamento e o princípio de causalidade), um *extratemporal* e, nesta propriedade, deve estar de posse de uma consciência *extratemporal*, meramente *interna*. Essa consciência extratemporal, meramente interna, que se distingue do modo o mais claro da *externa* e *temporal*, é a consciência da *pessoa*, que certamente *entra* no tempo, mas de modo nenhum *surge* no tempo como um *ser meramente temporal*. Ao ser *temporal* pertence o *entendimento*, ao *extratemporal* a *razão*. Poder-se-ia pensar que coloca para a razão o princípio do fundamento e considera mais satisfatório o *principii compositionis* da metafísica mais antiga, porque exclui aqui da razão como o extratemporal aquilo que sente falta nele, a sucessão — assim como a imaginação *cega* de Kant, segundo o seu princípio, está simultaneamente contida nesta razão, que é uma consciência *interna* e *extratemporal*, a qual difere claramente da consciência *temporal* e *externa*, pois aquilo que denominamos ver está tão-somente na consciência externa e temporal. Ou quando Jacobi continua: o entendimento, quando *isolado*, é materialista e irracional [*unvernünftig*]; ele nega ao espírito e a Deus. A razão, quando *isolada*, é idealista e ininteligível [*unverständig*]; ela nega a natureza e faz de si mesma Deus. O homem inteiro, não fragmentado, efetivo e verdadeiro é *simultaneamente* (o que não quer dizer um ao lado do outro, pois senão seriam duas peças ou partes) razão e entendimento, ele acredita sem estar dividido e com confiança — em *Deus*, na *natureza* e no *próprio espírito* —, então deveríamos, por um lado, compreender a fé indivisa como uma identidade da razão e do entendimento, isto é, uma simultaneidade da negação

---

[53] Jacobi, *Werke*, IV, seção 2, p. 146.

de Deus e do fazer-se Deus, da identidade do temporal
e do extratemporal, isto é, de um tempo eterno etc., sem
que se galimatize o mínimo a filosofia jacobiana, como ela
fez com Espinosa e Kant, na medida em que introduz no
indiviso o que é característico do isolado, enquanto ele for
conservado isolado,[54] — bem como, por outro lado, essa
fé *indivisa* como uma unidade pura, pura, pura e imper-
turbada, como uma simplicidade sem começo, meio ou
fim, sem ser isso ou aquilo (ver artigo nas *Contribuições de
Reinhold*, caderno 3, *passim*).

Encontre alguém deleite e prazer em entregar-se a um
palavrório numa seqüência de sem sentidos e galimatias,
encontrará nestes artigos jacobianos a melhor oportuni-
dade, com a sua indivisibilidade do extratemporal e do temporal, da mesmidade e do empírico etc. As combinações
não devem, todavia, ser compreendidas como se o temporal se perdesse no extratemporal, a consciência empírica
na intuição racional, como se toda finitude imergisse no
infinito e fosse reconhecida apenas *uma* totalidade como
o em-si, que não é nem entendimento isolado, nem razão
isolada, pois então se sucederia o mais terrível, isto é, o ser
finito das coisas se aniquilaria e as coisas finitas se tornariam aparições e fantasmas; se a razão reconhece o finito

[54] Jacobi conclui essa nota da seguinte maneira: "Esta fé trinitária, em geral não filosófica, deve poder se tornar também, no sentido mais rigoroso, fé
filosófica, confirmada pela reflexão" — pela confirmação na reflexão, se é que
há sentido nisso, a forma da fé é todavia eliminada —; "sou suficientemente
ousado para dizer que sei que ele poderá vir a ser, que vejo o regresso que
produzirá um pensamento *repetido* e equivocado" — Reinhold se designou
com esse predicado e Jacobi considera o período atual como um equívoco,
acredita numa nova transformação, no surgimento da mesma como sílfide
de uma filosofia imortal, cujo princípio liga a negação de Deus e o fazer-
se de si Deus, o entendimento e a razão, e deixa o homem ser completamente
como é — "e apenas então produzirá uma filosofia verdadeira, uma ciência e
sabedoria que iluminará *todo* o homem." A notícia fornecida aos diletantes
da filosofia pode ser ignorada pelo público filosófico até a aparição de tal
transformação (N. do A.).

como não absoluto, como não eterno, então o homem pode (*Diário*, p. 203):[55] "ter existência [*Dasein*] apenas mediante fantasia, apenas aniquilação mediante razão; e todavia a subtração da razão é o pior para o homem, e então o destino que se abre para os homens é um destino do desespero mais terrível" — não, depois deste sincretismo o mais enfático de todos, a razão, como o conhecimento do extratemporal e do ser de si, deve conceder o direito também ao entendimento como o temporal e o inessencial e, se a razão constrói um templo para a divindade, também deve permitir ao seu lado a capela para o diabo.

Do que foi dito anteriormente, tanto sobre os aspectos positivos quanto os polêmicos do saber da filosofia jacobiana, resultou o caráter desse saber de que a razão pode analisar fatos, separar o universal do particular e progredir para uma identidade vazia; e onde uma filosofia erige uma identidade absoluta do universal e do particular, ali essa identidade é de novo tornada pura e simplesmente uma universalidade separada do particular e lhe é mostrado a necessidade de que primeiro o particular deve se juntar ao universal ou que ela apenas se junte ao particular *dado*. No que Jacobi mesmo reconhece uma duplicidade, uma sujeito-objetividade, ela deve estar na forma de um sentido, de uma coisa, de um experimentado, que não pode perder o caráter de um dado, de uma contraposição inamovível diante do sujeito pensante, tampouco como idéia racional e bem comum livres da cientificidade, mas expresso apenas como algo subjetivamente espirituoso; pensamento e ser, o universal que permanece identidade formal e o particular que permanece um dado, a subjetividade espirituosa e a objetividade do saber, não se encontram no conhecimento; o fato dado e a subjetividade que o pensa são, tanto um quanto o outro, um absoluto.

[55] Jacobi, *Werke*, III, p. 230 s.

HEGEL

Temos de considerar agora como a identidade absoluta, que não está no conhecimento — e todavia ela deve ser simultaneamente para a subjetividade que se põe absolutamente —, está para uma tal subjetividade; essa relação de uma finitude absoluta com o absoluto verdadeiro é a *fé*, na qual certamente a subjetividade se reconhece diante do eterno como finitude e como nada, mas estabelece ela mesma um reconhecimento de tal maneira que se salva e se conserva como um essente em si exterior ao absoluto. Ao universal separado do particular não se contrapõe, contudo, apenas o idêntico absoluto de ambos, mas também o particular, e Jacobi também expandiu a fé para o saber do particular externo ao conceito, para a representação empírica imediata da objetividade ordinária, na medida em que tomou esse significado dos primeiros e fundamentais empiristas Hume e Locke; são estes sobretudo que imergiram o filosofar nesta finitude e subjetividade, que colocaram essa fundamentação do conhecimento e crítica das faculdades anímicas do homem no lugar do conhecimento, que puseram o particular como tal como o absoluto, que expulsaram a metafísica por meio da análise da experiência sensível, e cujo caráter reflexivo, propagado extensa e sistematicamente em solo alemão, é denominado de filosofia alemã, isto é, filosofia kantiana, jacobiana e fichteana.

Sem levar em consideração a relação da fé com a filosofia, Mendelssohn e outros não imaginaram, já que não havia nenhuma tradição sobre qual seria o *objeto* do conhecimento filosófico, que Jacobi estendesse o nome fé para a certeza do objetivo ordinário e, desse modo, desse à certeza da objetividade ordinária a importância que Hume, Kant e Fichte davam a ela de outro modo, uma importância que — já que Jacobi, mediante afirmação do mesmo, e Hume, Kant e Fichte, por negação do mesmo, tornaram igualmente absolutas uma e a mesma limitação e finitude — é igual para

A FILOSOFIA JACOBIANA

ambos, na medida em que é completamente indiferente se a finitude é algo objetivo (no sentido ordinário) ou subjetivo, quando ela é absoluta. Diante da fé jacobiana, Mendelssohn não pensava na certeza de coisas temporais, mas na certeza, aliás, não reconhecida pela razão, da consciência ordinária do *eterno* e do *extratemporal*. Na medida em que Jacobi diz (*Cartas sobre Espinosa*, p. 92): "A minha religião não conhece nenhuma obrigação de eliminar semelhantes dúvidas senão por fundamentos racionais, ela não ordena *nenhuma crença em verdades eternas*",[56] na medida em que fala de verdades eternas como objetos da filosofia, então ele tinha a idéia de que a filosofia se ocupa da certeza da efetividade empírica e que também Jacobi, com a sua fé [*Glauben*], não tinha em mente a crença [*Glauben*] de Hume na percepção sensível.

Jacobi não tinha em mente verdades eternas, mas a verdade da efetividade ordinária; a essa se dirige diretamente a primeira explicação jacobiana contra Mendelssohn (*Cartas sobre Espinosa*, p. 215): "Meu caro Mendelssohn, todos nós nascemos na fé e precisamos permanecer nela. É por meio da fé que sabemos ter um *corpo* e que fora de nós existem outros corpos e outros seres pensantes. Uma verdadeira e maravilhosa revelação! Pois *percebemos* apenas o nosso corpo, constituído dessa ou daquela maneira, e na medida em que o sentimos constituído dessa ou daquela maneira, *não* percebemos *apenas* as suas modificações, *senão algo ainda* completamente diverso disso, que não é nem sensação nem pensamento, mas percebemos *outras coisas efetivas* (o grifo é do próprio Jacobi), e na verdade com a mesma certeza com que percebemos a nós mesmos; pois sem o *Tu* e o *Eu*, isso é impossível. Obtemos, portanto, todas as representações *mediante condições que aceitamos*, e não há uma outra via para o conhecimento real; pois a

---

[56] Jacobi, *Werke*, IV, seção 1, p. 116.

razão, quando gera objetos, então se trata de *quimeras da mente*. Temos, por conseguinte, uma revelação da natureza, que não comanda sozinha, mas coage todos os homens *a acreditar* [*zu glauben*] e a aceitar mediante a fé verdades eternas."[57] O saber da efetividade ordinária, a percepção sensível, não estão apenas encerrados na fé, mas a fé e as verdades eternas estão tão-somente por elas delimitadas. Jacobi prossegue: "É outra a fé que ensina a religião dos cristãos: ela não obriga, ela ensina uma fé que não tem como objeto verdades eternas, mas a natureza finita e contingente do homem." Portanto, aquelas verdades eternas sobre o haver um corpo e outros corpos e sobre a existência fora de nós de outros corpos e coisas efetivas não diziam respeito à natureza contingente e finita da natureza? E que natureza ruim seria aquela que, em relação à primeira, é ela mesma ainda finita e contingente, e que religião ruim seria a cristã que tivesse como objeto essa natureza ainda mais baixa, ainda mais finita e contingente.

Como Jacobi limita expressamente a fé e as verdades eternas ao temporal e ao corporal nesta explicação, que alcança ainda mais importância por meio das circunstâncias particulares de sua realização e pela intencionalidade desse modo provocada, então é conseqüente detestar a filosofia kantiana e fichteana, que se dedicam a mostrar que no finito e no temporal não há nenhuma verdade e que são grandes principalmente na negatividade, na qual demonstram o que é o fenômeno e o nada. As filosofias kantiana e fichteana, na medida em que mantêm uma oposição inamovível entre conhecimento e fé, estabelecem absoluta e imediatamente a contraposição e, com isso, a finitude como tal, todavia com a diferença de que essa finitude é vazia, nada mais do que o conceito puro, infinito da finitude, a qual se torna desse modo igual à infinitude,

[57] Jacobi, *Werke*, IV, seção 1, p. 116.

A FILOSOFIA JACOBIANA

mas cada conteúdo e plenitude, que essa finitude se dá e deve [*muß*] se dar, *deve* [*soll*] ser uma nulidade; Jacobi espera este nada em toda a sua amplitude e extensão e lança clamores rudes contra a aniquilação dessa nulidade.

Além disso, não há a menor possibilidade de que as filosofias kantiana e fichteana estatuam a certeza imediata do supra-sensível como fé, tampouco sobre que, quando Kant nega às idéias toda realidade por parte da razão teórica, para ele o conhecimento teórico é uma determinação por meio de categorias, que têm a sua realidade tão-somente no mundo sensível e na experiência ou que em geral tornam possível apenas um conhecimento inteligível [*verständiges*], mas não um racional [*vernünftiges*]. Quando Kant nega os conceitos da razão no sentido de toda a realidade, de que eles não podem ser dados em uma percepção sensível e por meio de experiência mediada por conceitos do entendimento e são no campo da experiência apenas princípios reguladores para o uso do entendimento, então Jacobi vê nisso a negação por parte de Kant de uma existência temporal e corporal, a aniquilação dessas idéias mesmas e pergunta (*Contribuições de Reinhold*, terceiro caderno, p. 36) *a cada homem honesto em sua consciência* se ele, depois de ter visto uma vez distintamente que a idéia é problemática apenas para o saber, para a experiência corporal e temporal e para a percepção sensível, para os quais regressarão essas representações tornadas objetivas — atente-se para qual sentido —, "sem fundamento, por uma causa qualquer tornadas *objetivamente verdadeiras* e reais e pode introduzir nelas uma confiança sincera e amável? *Eu digo que isso é impossível!*"[58] Deve-se *afirmar antes* que apenas depois da aniquilação de qualquer espécie de realidade é possível adquirir alguma confiança nas idéias; ao contrário, na manutenção do dogmatismo da finitude e

---

[58] Jacobi, *Werke*, III, p. 102 e s.

subjetividade absolutas, que põe as verdades eternas no corpo e em outras coisas efetivas, isso é impossível. Até onde vão as deturpações maliciosas deste ódio cego contra a aniquilação da temporalidade e o fervor sagrado pela boa causa das coisas efetivas serve de exemplo uma passagem oportuna que não pode ser ignorada (não se quer dizer com isso que este e os outros exemplos anteriormente indicados sejam os únicos de sua espécie, mas eles são os únicos que consultamos em Kant). Em *Contribuições de Reinhold*, terceiro caderno, p. 99 s., diz Jacobi ou Köppen: "Por conseguinte, seria muito mais conseqüente se, diante de *todas as representações* de Deus e da imortalidade, pensássemos em nenhuma objetividade e afirmássemos junto com o autor da *Crítica da razão pura*: '*Tudo o que concerne à religião e à liberdade* é mera idéia da razão, mera ficção heurística e, a despeito de sua utilidade como princípio condutor do entendimento, uma mera coisa do pensamento de possibilidade indemonstrável.'"[59] Para isso é citada a *Crítica da razão pura* ([B] p. 799); ali se lê: "Os *conceitos da razão* são meras idéias e possuem sem dúvida nenhum objeto em nenhuma experiência; eles são pensamento de um modo meramente problemático etc". A partir dos conceitos de razão, dos quais se trata aqui única e somente segundo a *relação* teórica, Jacobi ou Köppen fazem de modo incondicionado e desimpedido *tudo o que diz respeito à religião e à liberdade*, sendo que tudo isso seria mera ficção — e o que Kant diz de sua realidade teórica é expresso para a sua realidade em geral.

Junto ao fato de que Jacobi fez a fé se rebaixar até a efetividade e a experiência sensível, com o que se dirige unicamente contra Mendelssohn, ele ainda tem fé não na finitude, mas no eterno, e devemos verificar se essa fé, que põe o eterno como objeto absoluto e o conhecimento

---

[59] Jacobi, *Werke*, III, p. 181.

A FILOSOFIA JACOBIANA

como algo dele separado e não purificado, excluindo o conhecimento racional porque o conhecimento é reconhecido apenas como algo subjetivo e como saber formal, não foi *também enquanto fé* maculada pelo deslocamento na relação com a reflexão. A fé do homem que não se elevou para a reflexão abstrata tem a naturalidade [*Unbefangenheit*] do que não está contraposto à reflexão; ela está tanto sem a reflexão de que a relação com o eterno na forma da fé como uma certeza imediata, que não se tornou objetiva pelo pensamento e foi tomada na forma do conceito, se contrapõe ao entendimento racional, sem necessariamente estar em conflito com ele, quanto também sem a relação com uma contraposição em geral — uma posição pura e sem considerações, não uma negação, nem de uma outra fé em algo outro nem de uma outra forma para o conteúdo desta fé. Em que medida a naturalidade da fé pode ser afetada por aquela consideração, não deve ser discutido aqui; apenas devemos tratar da consideração segundo a qual se a fé como tal está ligada, para além de si mesma, com a consciência e, se ele nega o saber formal, finito — em que medida ela é capaz de se elevar, acima da subjetividade e finitude, com essa consideração ao saber finito, já que não se deve realizar nenhum saber racional; é nessa forma negadora e consciente que se apresenta a fé em Kant, Fichte e Jacobi. Toda a esfera da finitude, do ser algo por si mesmo, da sensibilidade, imerge na fé verdadeira diante do pensamento e da intuição do eterno, que aqui se torna um único; todas as muriçocas da subjetividade queimam neste fogo devorador, e *mesmo a consciência* dessa entrega e dessa aniquilação é aniquilada. Também entre as ações religiosas, nas quais a fé é sensação e contemplação [*Schauen*], há mais ou menos ações puras e objetivas, tal como no canto a consciência e a subjetividade se fundem em geral na harmonia objetiva mais do que se elevam na oração silenciosa. Introduzida na filosofia, a fé perde todavia completamente aquela naturalidade pura; pois agora é a razão que foge da reflexão em direção a ela, a fim de aniquilar a finitude e suprimir a subjetividade; mas é por esse motivo que a fé mesma é afetada pela oposição que existe contra a reflexão e a subjetividade. Permanece nela — pois tem aqui simultaneamente o significado deste negar — a reflexão sobre a aniquilação da reflexão e a subjetividade da consciência da aniquilação da subjetividade, e assim a subjetividade se salvou de sua aniquilação. Porque na consciência que não reflete sobre a sua fé o pensamento e a fé finitos se encontram um fora do outro, tal consciência é uma consciência não filosófica. O agir e impulsionar finitos e a percepção sensível e, do outro lado, o culto religioso alternam-se entre si, e se o homem religioso oferece a si todo o objeto finito simultaneamente sob a forma da eternidade e expressa igualmente o seu agir em tal forma, então essa forma da eternidade é algo subjetivo; trata-se da beleza singular ética que se manifesta. Essa beleza obtém a objetividade e a universalidade verdadeiras da arte e da filosofia, nas quais desaparece a oposição que se refere ao absoluto entre fé e razão, tanto na medida em que ele existe inconscientemente na consciência ordinária, quanto na medida em que existe conscientemente nas filosofias da reflexão.

Na medida em que existe inconscientemente na consciência ordinária, a fé e aquilo que advém da fé podem ser puros, pois a subjetividade e a finitude se encontram completamente além, sem referir-se ou entrar em contato com esse fato; contudo, a fé não permanece introduzida na filosofia, pois ela tem aqui a referência e o significado da negação, e em contato com esse negar obtém a subjetividade. Ela é afetada pela oposição mesma, assim como aquilo que constitui o seu conteúdo tem diante de si, como supra-sensível, uma sensibilidade inamovível, e o infinito

A FILOSOFIA JACOBIANA

uma finitude inamovível; e porque nela estão tanto a subjetividade aniquilada como a salva, então essa subjetividade é justificada, pois ela se reporta ao seu ser aniquilado, já que desapareceu verdadeiramente na fé ordinária e despreocupada e é frente a ela algo profano.

Essa mácula da fé e essa sacralização da subjetividade devem nos conduzir, ainda que brevemente, para a filosofia *prática* de Jacobi. A razão prática de Kant ou o conceito vazio em sua contraposição inamovível contra a natureza não pode produzir nada senão um sistema da tirania e do despedaçamento da eticidade e da beleza ou, como a moral kantiana, se deter nas assim denominadas obrigações formais, que em si nada determinam e cuja enumeração e apresentação em sua inconseqüência científica cedem perante a conseqüência da natureza; e, na medida em que, na possibilidade de uma casuística, consente simultaneamente com a nulidade científica, ela torna visível a pretensão das idéias éticas. Deve, todavia, ser determinada na doutrina do direito; aqui não procede deixar que a determinidade prossiga novamente até o indeterminado, e essa ciência teria de manchar necessariamente a natureza ética com as infâmias mais gritantes. O ódio em geral da filosofia jacobiana contra o conceito desdenha necessariamente sua forma objetiva da eticidade, da lei, e completamente a lei pura enquanto princípio ético formal; dentre outras passagens excelentes a esse respeito, a carta a Fichte (p. 32) é bela em toda a sua pureza: "Sim, sou o ateísta e o ímpio, aquele que é contra a vontade que não quer nada, que quer mentir como Desdêmona mentiu enquanto morria; quero mentir e enganar como Pílades se apresentou para Orestes, assassinar como Timoleão; quebrar leis e juramentos como Epaminondas, como Johann de Witt; cometer suicídio como Otho; profanar templos como Davi — sim, trabalhar na lavoura no sábado, porque tenho ganas e a lei foi feita por causa do homem e não o homem por causa da lei...Pois com a mais sagrada certeza que tenho em mim mesmo sei que, em virtude de tal crime contra a letra imaculada da lei racional absolutamente universal, o *privilegium aggratiandi* é o *direito de majestade* propriamente dito do homem, o selo de sua dignidade, de sua natureza divina."[60]

Chamamos de modo inteiramente puro essa passagem de Jacobi, na medida em que — pois falar na primeira pessoa, *eu sou* e *eu quero*, não pode prejudicar a sua objetividade — a expressão de que a lei foi feita por causa do homem e não o homem por causa da lei, sem levar em consideração o significado que essa expressão tem ali de onde foi tomada, adquire nesse contexto certamente um significado mais universal, mas conserva o seu verdadeiro. Nenhum dos dois lados pode faltar à beleza ética, nem a sua vitalidade como individualidade, de que não se submete ao conceito morto, nem a forma do conceito e da lei, a universalidade e a objetividade, lado que Kant pôs *tão-somente* por meio da abstração absoluta e que subordinou inteiramente à vitalidade, matando-a. A passagem indicada sobre o lado da vitalidade e da liberdade da eticidade não exclui a sua objetividade, mas também não a expressa, e, no que diz respeito à sua necessidade e objetividade, faz-se necessário que nos voltemos para outros dados. Já o que se ressalta nos exemplos de caracteres éticos, mediante o que Jacobi quer tornar clara a sua idéia de eticidade, mostra a negligência em relação ao lado legal e objetivo. No caso dos espartanos Specto e Bulis *(Cartas sobre Espinosa*, p. 240), é a sua *experiência* que determina a sua eticidade; eles não dizem a Gidarno, observa Jacobi, que queria persuadi-los a se tornarem amigos do rei: *tu és um tolo*; mas concederam que era sábio, razoável e bom *em sua medida*. Também não procuraram ensiná-lo sobre a verdade *deles*. Não recorreram

[60] Jacobi, *Werke*, III, p. 37 s.

A FILOSOFIA JACOBIANA

ao seu entendimento, ao seu juízo sutil, mas apenas a coisas e à sua inclinação a essas coisas. Não se vangloriaram de nenhuma virtude e também não tinham nenhuma filosofia; professavam apenas o sentido de seu coração, *o seu afeto*, e não foram mais *claros* diante de Xerxes do que de Gidarno, ao qual relataram *a sua experiência*. Disseram a Xerxes: "Como poderíamos viver aqui, deixar *o nosso país, as nossas leis* e *aqueles homens* para os quais empreendemos por livre e espontânea vontade essa longa viagem, a fim de morrer por eles?"[61]

Pode existir uma clareza maior sobre o ético? É visível aqui apenas a subjetividade da experiência, do sentido, de uma inclinação? Ao sátrapa mostraram o seu desprezo, pois falaram a ele sobre a *sua* experiência e inclinação e a *deles* e contrapuseram à sua subjetividade o seu ser na forma de uma subjetividade; mas à majestade do monarca demonstraram o seu respeito, pois foram *absolutamente claros* para com ele e invocaram aquilo que era sagrado tanto para o monarca como para eles, a saber, o país, o povo e as leis. Mas Jacobi denomina o país natal, o povo e as leis, que são o mais vivo, de *coisas* a que estão acostumados como estão acostumados com coisas; ele não as compreende como coisas sagradas, mas como coisas ordinárias, pois diante de coisas sagradas não há uma relação de costume e dependência. Ele concebe como uma contingência e dependência, onde se encontra a necessidade mais alta e a energia mais elevada da liberdade ética, viver em conformidade com as leis de um povo e, além disso, com as leis do povo espartano — isto é, como ordinariamente empírico aquilo que é o mais racional. A miséria da subjetividade, contudo, de se remeter a um juízo e entendimento livres ou de se vangloriar de uma virtude, não podia ser exigida

---

[61] Jacobi, *Werke*, IV, seção 1, p. 232 ss. Cf. também Heródoto, *Histórias*, VII, v. 135 s.

HEGEL

deles sem mais, e a não existência de semelhante miséria é
algo demasiado ruim para poder se distinguir neles como
virtude. Ainda menos se pode pensar na ênfase na objetividade empregada por Cleómenes, personagem de *Woldemar*[62] de Jacobi, que esse espartano aqui introduzido não
esteja nas relações com a sua terra natural e na força de sua
virtude verdadeira, mas na individualidade de seu declínio;
mas para edificar a quem, a mulheres afetadas e insignifi-
cantes ou a cidadãos sensíveis?

Como para *Jacobi* a beleza ética é contrária ao conceito
e à objetividade, então podemos nos ater nesse ponto apenas às figuras pelas quais queria tornar clara a sua idéia
de beleza ética. O tom fundamental dessas figuras é, todavia, esta carência consciente de objetividade, esta subjetividade que se prende em si mesma [*an sich selbst*], a
constante reflexão, e não ponderação, sobre a sua personalidade, essa consideração que retorna eternamente ao sujeito, que põe no lugar da liberdade ética o desconforto supremo, o egoísmo nostálgico e a enfermidade ética — uma
consideração de si mesmo, que se propõe justamente com
bela individualidade à transformação que se deu com a fé,
a saber, fornecer a si a consciência da subjetividade suprimida e do egoísmo aniquilado mediante essa consciência
da beleza individual, mas ter posto e ao mesmo tempo jus-
tificado, por meio desta consciência, justamente a subjetividade suprema e a idolatria interior. Assim como nos po-
etas, que reconhecem o que é eterno, o que é finito e o que
é maldito, entre os antigos Dante e no Orestes [63] de Goethe, que dedicou uma parte de sua vida ao inferno, encontramos, a saber, expressa a danação do inferno como
o estar eternamente ligado ao ato subjetivo, o estar sozi-

---

[62] *Woldemar, uma raridade da história natural*, 1791, novela em dois
volumes de Jacobi.(N. do T.)

[63] Personagem da peça *Ifigênia em Tauris* de Goethe (1786). (N. do T.)

A FILOSOFIA JACOBIANA

nho consigo próprio e com o que pertence a este ato e a consideração imortal dessa propriedade — assim também vemos nos heróis Allwill e Woldemar[64] justamente esse sofrimento da contemplação de si mesmos, não no ato, mas no tédio e impotência ainda maiores do ser vazio, e esta impudência consigo mesmo como o fundamento da catástrofe do que lhe acontece e não pode ser romanceado, mas simultaneamente não suprimido na dissolução desse princípio, e também a virtude que não produz catástrofes de todo o entorno é mais ou menos maculada por aquele inferno.

Por conseguinte, se em Jacobi a subjetividade protestante parece ter retornado da forma conceitual kantiana para a sua verdadeira forma, uma beleza subjetiva do sentimento e da lírica do anelo celestial, então, por meio do ingrediente essencial da reflexão e da consciência, a fé e a beleza individual são descartadas para além dessa beleza subjetiva desde a espontaneidade e a despreocupação, mediante o que tão-somente são capazes de ser belas, piedosas e religiosas.

Resulta do que dissemos até agora que a filosofia kantiana se contrapõe à jacobiana, na medida em que, no interior da esfera comum a ambas, a kantiana põe a subjetividade e a finitude absolutas em uma abstração pura e, com isso, ganha a objetividade e a infinitude do conceito; a jacobiana, entretanto, não assume a finitude ela mesma no conceito, mas faz dela princípio como finitude finita [*endliche Endlichkeit*], como contingência empírica e consciência dessa subjetividade. A esfera em comum de ambas as filosofias é o ser absoluto da oposição da finitude, do natural, do saber, mas justamente de uma oposição formal — e do sobrenatural, da supra-sensibilidade e da infinitude; para ambas, portanto, o absoluto verdadeiro é um para-além na

---

[64] Personagens da novela *Woldemar* de Jacobi. (N. do T.)

fé ou na sensação e nada para a razão cognoscente. Em ambos aparece a idéia especulativa; na filosofia kantiana, ela surge em sua pureza na dedução das categorias, para se tornar imediatamente uma identidade pura, uma unidade do entendimento, e nada mais do que um pensamento meramente possível que não pode ganhar nenhuma realidade no pensar, porque a reflexão deve [*soll*] ser pura e simplesmente predominante; em Jacobi, ela foi igualmente tomada em forma subjetiva como algo particular, pleno de espírito, mas não em sua universalidade, como tampouco ela deve se tornar algo para o pensamento como se fosse uma razão que olha para fora do instinto e da individualidade subjetiva.

Porque este lado predominante do subjetivo e finito, que é necessário se a filosofia tomou a sua direção segundo a forma da reflexão, é expresso certamente de igual maneira por outros esforços filosóficos, todavia em parte mais fracamente, em parte não com essa pretensão, então ele poderia de preferência ser apresentado como representante de seu gênero na forma jacobiana, que expressa do modo o mais claro a subjetividade teórica e prática, bem como o para-além da fé. Deve-se notar ao mesmo tempo que esse mesmo lado pode ser apreendido numa *figura mais elevada e mais nobre*. Já recordamos que o princípio da filosofia jacobiana, na medida em que eleva o individual e o particular acima do conceito e torna válida a vitalidade subjetiva, se aproxima por um lado da beleza subjetiva do protestantismo, que reconhece o trato com Deus e a consciência do divino não na objetividade a ser satisfeita de um culto e na intuição e deleite atuais e em si mesmos claros *dessa* natureza e *desse* universo, mas determina aquele trato e consciência como um interior que conserva a forma fixa de um interior e como anelo por um além e um futuro — um anelo que, embora não possa se unir com o seu objeto eterno, tem a sua beleza e o seu deleite eterno no fato de que o seu objeto é verdadeiro e é eterno sem querer conservar em segundo plano algo de próprio para si; por outro lado, mediante o princípio jacobiano, a beleza da individualidade e a sua forma do sentimento, do amor e da fé são turvados porque a fé, na medida em que se volta para o eterno, tem um aspecto polêmico e, com isso, o reflexo insuperável da subjetividade, sendo expandida também como certeza absoluta para o temporal e o efetivo, de modo que o testemunho dos sentidos vale para uma revelação da verdade, bem como a sensação e o instinto contêm a regra da eticidade, e que, por meio da reflexão sobre a personalidade, sobre o homem em geral e a pessoa particular, sendo o sujeito de tal sentimento e amor belos, o anelo se torna uma procura por calor junto à sua subjetividade, aos seus pensamentos e sentimentos belos.

A verdade, todavia, que está na natureza, não é capaz de reconciliar, na forma da efetividade e temporalidade e da consciência do singular de sua personalidade absoluta, a dor do anelo religioso, nem chamá-lo de volta de seu para-além; pois a natureza enquanto temporal e o indivíduo enquanto um absoluto em sua singularidade não são a natureza enquanto universo, em cuja contemplação o anelo poderia encontrar a sua paz como um aquém, nem a absolutidade do sujeito em sua singularidade pessoal e contraposição permanente contra o eterno é uma razão que pudesse ver, um amor que fosse puro, uma fé que fosse viva. Mas, se o temporal, o subjetivo e o empírico obtêm para o anelo verdade e certeza, então a beleza de sua natureza subjetiva, a sua fé, o seu amor e o seu sentir foram em geral apenas maculados por meio de tal reconciliação.

Por conseguinte, se no princípio jacobiano a dor e o anelo do protestantismo progridem para uma reconciliação, mas segundo o modo do eudemonismo em geral, isto é,

HEGEL

por meio do finito, primeiro por meio da reflexão e da consciência do sentir e do anelo, cuja reflexão e consciência tornam algo o sujeito dos mesmos, e quando esse anelo encontra o aquém em si mesmo, na medida em que eles se mancham consigo mesmos e consideram a efetividade e temporalidade ordinárias como revelação, então eles poderiam encontrar mais uma potência superior refletida em si mesmos do que naquela apresentada por Jacobi, criar neles mesmos, com vistas à divinização do sujeito, um objeto mais elevado, e apreender idealmente o sentimento bem como a intuição de si mesmos e o mundo, o que, por outro lado, é tanto quanto tornar a intuição suprema ela mesma algo subjetivo e peculiarmente permanente. Se esse aquém que tem verdade é, em vez da efetividade, o universo, e a reconciliação com a natureza é identidade com o universo, como sentimento e amor infinitos, mas como intuição religião. Mas de tal modo que essa identidade mesma seja mais do que a passividade da apreensão e da reprodução interior ou mais do que virtuosidade algo permanecer pura e simplesmente subjetivo e particular, não deve fixar a sua exteriorização nem confiar sua vitalidade à objetividade e, com isso, conservar sobre o sujeito justamente a reflexão anterior do anelo, então o princípio jacobiano alcançou a suprema potência de que é capaz, e o protestantismo, que procura reconciliação no aquém, se impulsionou para o supremo sem sair do seu caráter de subjetividade.

A obtenção dessa potência ocorreu nas *Conversas sobre a religião*. Já que na filosofia jacobiana a razão só é concebida como instinto e sensação, e a eticidade só é concebida na contingência empírica e como dependência de coisas, tal como as fornecem a experiência, a inclinação e o sentido do coração, mas o saber é concebido apenas como uma consciência de particularidades e peculiaridades, sejam exteriores ou interiores, então nessas *Conversas* a natu-

A FILOSOFIA JACOBIANA

reza foi, ao contrário, apagada como uma coleção de efetividades finitas e reconhecida como universo, desse modo recuperando o anelo de fugir sobre a efetividade para um além eterno, rompida a parede entre o sujeito ou o conhecimento e o objeto absoluto inalcançável, reconciliando dor e deleite, satisfazendo o anseio sem fim na contemplação. Mas na medida em que o indivíduo lança de si a sua subjetividade e o dogmatismo do anelo dissolve a sua oposição no idealismo, então essa sujeito-objetividade da intuição do universo deve [*soll*] permanecer novamente um particular e um subjetivo; a virtuosidade do artista religioso deve poder misturar a sua subjetividade à seriedade trágica da religião. E, em vez de ocultar essa individualidade quer sob o corpo de uma exposição objetiva de grandes figuras e o movimento de umas com as outras, o movimento do universo — tal como o gênio na igreja triunfante da natureza, que erigiu a si nas epopéias e tragédias —, quer tirando da expressão lírica o seu aspecto subjetivo, porque este existe simultaneamente na memória e surge como fala universal, esse aspecto subjetivo deve [*soll*] constituir a vitalidade essencial e a verdade na apresentação da própria intuição do universo, bem como na produção do mesmo em outros, tornar perene a arte sem obra de arte e fazer permanecer a liberdade da intuição suprema na singularidade e no ter-para-si-algo-particular. Se o sacerdote pode ser apenas um instrumento e um serviçal, que sacrifica a comunidade, por ela e por si mesmo, para realizar a limitação e o objetivo da intuição religiosa, e para que todo o poder e a força diante da comunidade adulta lhe corresponde enquanto representante, a comunidade, atuando na menoridade, deve ter a intenção e a finalidade de deixar atuar em si a intuição interior dele como um virtuoso da edificação e do entusiasmo; deve-se conceder tanto a uma peculiaridade subjetiva da intuição (alguém é idiota na medida em que há nele uma peculiaridade), em vez de ocultá-la ou pelo menos não reconhecê-la, até o ponto em que ela forme o princípio de uma comunidade própria e, desse modo, as pequenas comunidades e as particularidades se tornem válidas e múltiplas até o infinito, dispersando-se e encontrando-se aleatoriamente e em todos os momentos alterando os agrupamentos como as figuras de um mar de areia exposto ao vento, de modo que a particularidade da visão de cada uma delas e a sua peculiaridade sejam algo tão ocioso e não percebido que elas possam renunciar indiferentemente ao reconhecimento das mesmas em sua objetividade e permanecer tranqüilamente umas ao lado das outras numa disposição atômica universal, ao que se adequa muito bem a separação entre igreja e estado, e em cuja idéia uma intuição do universo não pode ser uma intuição do mesmo enquanto espírito, porque aquilo que é espírito não existe no estado atômico como um universo e porque, em geral, a catolicidade da religião persiste apenas na universalidade da singularidade.

Por conseguinte, se a subjetividade do anelo se elevou para a objetividade da contemplação e a reconciliação não ocorre com a efetividade mas com o vivo, não com a singularidade mas com o universo, então mesmo essa intuição do universo é tornada novamente subjetividade, na medida em que é em parte virtuosidade ou nem ao menos um anelo, mas apenas a procura de um anelo, em parte não se constitui organicamente, nem deve a virtuosidade verdadeira conservar em leis e no corpo de um povo e de uma igreja universal a sua objetividade e realidade, mas deve existir a exteriorização de algo pura e simplesmente interior, a irrupção e conseqüência imediata de um entusiasmo singular e particular, e não a verdadeira exteriorização, isto é, uma obra de arte.

A FILOSOFIA FICHTEANA

O PENSAMENTO, o infinito, a forma do objetivo são, na filosofia *kantiana*, o primeiro. A oposição absoluta entre eles e o particular, o finito, o ser, está no sujeito que conhece, todavia ou de maneira inconsciente ou ela não é simultaneamente objetiva para o sujeito; ou também se pode dizer que a identidade absoluta, na qual a oposição é superada, é puramente objetiva, um mero pensamento; ambos têm igual significado, pois eles — esta forma da objetividade absoluta, o além da identidade para o conhecimento, e o subjetivo, o conhecimento, para onde é deslocada a oposição absoluta — não estão reunidos. Na filosofia *jacobiana*, a consciência do mesmo é o primeiro, e a oposição que está no conhecimento, para representá-lo a si dissolvido, foge de igual maneira para o seu oposto, um para-além do conhecimento. Mas é dado um centro entre essa passagem para o absolutamente contraposto; este centro é ele mesmo um subjetivo, um anseio e uma dor. Esse anseio é sintetizado na filosofia *fichteana* com a objetividade kantiana, mas não de maneira que ambas as formas contrapostas se extinguissem em uma identidade e indiferença verdadeiras, destacando-se assim o centro absoluto, porém aquela unificação subjetiva jacobiana na vitalidade do indivíduo é ela mesma apenas tomada de forma objetiva. Não há na filosofia kantiana a menor preocupação com a contradição entre a universalidade vazia e a particularidade viva; ela é absolutamente afirmada no teórico, e no prático, cujo conceito comporta a sua superação, abrange um formalismo da ciência do direito e da moral que é destituído de vitalidade, bem como

A FILOSOFIA FICHTEANA

de verdade. A filosofia jacobiana tem a identidade do universal e do particular na individualidade, porém na individualidade subjetiva; tal unificação só pode, por isso, ser uma preocupação e um anseio, e a particularidade deve ser um permanente, um divinizado e um absoluto. Em Fichte, essa subjetividade do anseio foi ela mesma tornada um universal, um pensado, exigência absoluta, e a exigência é o ponto culminante do sistema: *Eu devo*[soll] *ser ao mesmo tempo não-Eu*; mas não se reconhece nele nenhum ponto de indiferença.

Lembrou-se anteriormente de como o sistema se eleva para o lado negativo do absoluto, da infinitude, do Eu como pensamento absoluto, e nessa medida o sistema é idealismo puro, o qual, todavia, porque aquele lado negativo é posto ele mesmo como o positivo absoluto, torna-se formal e tem de se contrapor a um realismo. Pelo fato de que é capaz de equiparar as oposições apenas no finito, ou seja, faz absoluto o pensamento que abstrai, a atividade pura contraposta ao ser, ele não os aniquila verdadeiramente, mas esta intuição intelectual é algo formal, assim como a deste idealismo, e diante do pensamento surge a realidade, aquela identidade da intuição intelectual diante da oposição, e toda identidade é a identidade relativa da conexão causal em um determinar de um pelo outro.

Segundo a tarefa da filosofia, tal como ela foi determinada pela cultura [*Kultur*] lockeana e humeana, o mundo deve ser calculado e explicado do ponto de vista do sujeito; para dentro desse mundo a ser explicado é transportada essa contraposição que ocorre entre o mundo e o sujeito: ela se separa em um lado ideal e um lado real, de modo que o ideal ora se torna a identidade pura, abstraída da realidade, ou o conceito puro, ora é a identidade referida à realidade, o espaço, o tempo, as categorias, a idealidade do real. O objetivo ou o universal do real consiste tão-somente

HEGEL

naquilo que é, na separação do mundo, o lado ideal, de modo que o idealismo, que parte da explicação do mundo objetivo, na medida em que ele reconheceu a objetividade como o ideal, também a deriva imediatamente do princípio do ideal, do Eu, do universal, que em oposição ao mundo é em geral o sujeito, e com isso superou o ser em si e para si [*Anundfürsichsein*] do objetivo. Esse idealismo crítico, que Fichte ressaltou em contornos mais precisos, é algo formal, como fica claro a partir do mesmo: o universal do mundo contraposto ao sujeito é posto como universal, como ideal, como pensamento e, com isso, como Eu; mas necessariamente fica para trás o particular, e se devemos falar de explicação segundo a posição predileta da idéia da filosofia, então permanece inexplicado o lado mais interessante do mundo objetivo, o lado de sua realidade. Que o real, como para a sensação, seja algo empírico e, justamente sob esse título, seja jogado fora e explicado como indigno para a contemplação, tal como faz Kant, é tão pouco satisfatório quanto Fichte mostrar que o sentimento é pura e simplesmente algo subjetivo e que o vermelho etc. seja primeiro estendido pela mão do sujeito numa superfície e, desse modo, alcança objetividade. Pois justamente a questão não é pela idealidade, mas pela realidade, e é indiferente se a realidade é uma quantidade infinita de sentimentos ou de propriedades das coisas. Na parte prática da *Doutrina da ciência* é feito, na verdade, o gesto como se, para o lado ideal, a realidade absoluta, as coisas, tal como elas são em si, pudessem ser construídas a partir de como devemos fazê-las; não há ali nada mais senão uma análise do conceito de anseio e do impulso em uma inteligência, bem como alguns conceitos de reflexão derivados para o sentimento de que os sentimentos devem ser *diversos*. Mas em relação à tarefa de construir o sistema das coisas como elas *devem* ser não é analisado nada senão o conceito formal do *dever* [*sol-*

A FILOSOFIA FICHTEANA

len]; afora essa essência formal, o sentimento não é construído de modo algum como sistema real ou totalidade do dever [*sollen*], pois já em si e por si o dever [*Sollen*] não permite nenhuma totalidade, mas a multiplicidade da realidade aparece como uma determinidade originária e inconcebível e como necessidade empírica; a particularidade, a diferença enquanto tal é um absoluto. O ponto de vista para essa realidade é o ponto de vista empírico de cada um dos singulares; e para cada singular a sua realidade é a esfera inconcebível de efetividade ordinária, na qual ele está compreendido. Não é necessário lembrar quão indiferente para essa absolutidade do empírico é aquele idealismo formal, o qual demonstra que toda a realidade empírica é apenas um subjetivo, um sentimento, pois essa forma não altera o mínimo da necessidade ordinária e inconcebível da existência empírica; e não se tem de pensar em nenhuma idealidade verdadeira da efetividade e do lado real: eles aparecem como propriedade das coisas ou como sensação.

O formalismo do saber aqui considerado idealisticamente, desenvolvido pela filosofia jacobiana, a qual tem a seu respeito a consciência mais determinada e mais aberta, não carece propriamente de quaisquer considerações por parte da filosofia fichteana, a qual tem em comum com a jacobiana a consciência por meio do princípio da subjetividade e o fato de que a identidade absoluta não é para o conhecimento e para o saber, mas apenas para a fé. O essencial do formalismo é que o conceito puro, o pensamento vazio se junta de um modo inconcebível a um conteúdo, a uma determinidade do conceito ou, inversamente, a determinidade se junta de um modo inconcebível a uma indeterminidade. Não constitui a mínima diferença para a questão se, segundo o dogmatismo jacobiano, o objetivo, o dado, é considerado como o primeiro, ao qual se junta mais tarde o conceito, ou se Fichte torna o saber vazio, o Eu, o pri-

HEGEL

meiro, cuja essência é o mesmo com o entendimento vazio
do saber que analisa, a saber, é uma identidade, para a qual
em Fichte aparece a determinidade que lhe é estranha, não
concebível a partir dele.

Segundo o idealismo fichteano, se o Eu não sente e intui coisas, mas intui apenas o seu sentir e o seu intuir e só
sabe do seu saber, então a atividade pura e vazia, o agir puramente livre, é o primeiro e o único certo, e ele é pura e
simplesmente nada mais senão o saber puro e o intuir e sentir puros, *Eu = Eu*. Veremos posteriormente como todo o
mundo aniquilado dos sentidos alcança em geral realidade
por meio do ato absoluto da vontade; mas o saber dessa
realidade, a relação da vacuidade e indeterminidade absolutas do saber com a determinidade e aquela realidade, é
o inconcebível e são estranhos um ao outro, tanto o particular é estranho ao universal como a determinidade dada
empiricamente de Jacobi é estranha à indeterminidade ou
ao conceito do entendimento que analisa. A maneira fichteana de saber apenas do saber, isto é, apenas da identidade
vazia, preparou todavia um caminho para o particular por
meio de seu próprio formalismo; reconhece-se que a única
verdade e certeza, a consciência de si pura e o saber puro,
são algo incompleto, condicionado por algo outro, isto é,
que o absoluto do sistema não é absoluto e justamente por
isso deve progredir para algo outro.

Essa incompletude reconhecida do princípio absoluto e
a necessidade, reconhecida a partir disso, de um progredir
para um outro é o princípio da *dedução do mundo dos sentidos*. O vazio completo, com o qual se começa, tem, mediante a sua carência absoluta, a vantagem de portar imanen-
temente em si mesmo a necessidade imediata, de realizar-
se e de dever progredir para um outro e desse outro para
um outro em um mundo objetivo infinito. Existe todavia
uma aprioridade superior de um princípio, do que naquele

A FILOSOFIA FICHTEANA

em que reside imediatamente a necessidade do todo? — uma necessidade que repousa no fato de que o princípio é pura e simplesmente parte e, mediante a sua miséria infinita, a possibilidade infinita da riqueza. O princípio desempenha desse modo um papel duplicado, de ser ora absoluto, ora pura e simplesmente finito e, numa qualidade última, poder se tornar um ponto inicial para toda a infinitude empírica.

Considerado por si mesmo, o formalismo desse princípio tem também a grande vantagem de ser facilmente tornado compreensível. Reclama-se em geral sobre a pesada exigência da *intuição intelectual* e contou-se em sua época que homens enlouqueceram ao tentar produzir o ato puro da vontade e a intuição intelectual; ambos foram, sem dúvida, permitidos por meio do nome da questão, que Fichte descreve como suficientemente simples e ordinária e da qual considerava duro apenas convencer-se de que ela efetivamente seja apenas esse ordinário e simples. Intuir alguma coisa, intuir algo de espécie estranha com a consciência pura ou o Eu, que, segundo a expressão de Fichte, está igualmente dada na consciência ordinária, é *intuição empírica*; mas abstrair tudo que é estranho na consciência e pensar a si mesmo é intuição intelectual. Abstrair em algum saber todo o conteúdo determinado e saber apenas o saber puro, o puramente formal do mesmo, é saber puro e absoluto; essa abstração, contudo, é facilmente realizada, e cada um sabe também no que ele pode fazer abstração. Contudo, em virtude daquilo de que se abstraiu, também não se deve deixar hesitar, pois não está perdido, mas muito mais acrescenta-se ao saber — e ao agir, sem dúvida — em toda a sua expansão e amplitude empírica; à diferença apenas de que a filosofia torna metódica essa contingência da consciência ordinária, todavia sem retirar o mínimo de sua contingência e ordinariedade.

HEGEL

O metódico desse saber ou a filosofia sobre a consciência ordinária consiste no fato de que, para o primeiro, parte-se de algo pura e simplesmente verdadeiro e certo, o Eu, o saber ele mesmo em todo saber, a consciência pura. Mas como ele se mostra imediatamente como princípio da dedução apenas pelo fato de que é pura e simplesmente incompleto e puramente finito, então a sua verdade e certeza é de tal espécie que é desprezada pela filosofia; para esta última, a verdade e a certeza estão tão-somente naquilo que não é nem incompleto, nem uma abstração, e tampouco condicionado.

Todavia, que a vacuidade do saber se torne princípio do progresso descobre-se justamente no fato de que o princípio é pura e simplesmente deficiente e, por conseguinte, carece imediatamente de um outro e se torna o ponto de conexão para outro, o qual é a condição do mesmo. A forma, sob a qual o mundo objetivo se junta como estranho àquilo que é consumado por ela, ou seja, ao saber puro, é o concluir da deficiência de uma circunstância no ponto de conexão com sua necessidade, da incompletude do absoluto, que é ele mesmo uma parte, em relação a outra parte, que o completa. Todavia, pelo fato de naquilo que é posto como absoluto uma carência, a carência de ser apenas parte, essa unidade é possível apenas mediante a idéia da totalidade ou, em geral, apenas mediante a consciência, que foi abstraída em função da assim chamada intuição intelectual, do pensar a si mesmo e do saber puro, que depois é novamente admitido.

Porque aquela idéia da totalidade ela mesma — que, quando serve de parâmetro para o saber puro, mostra-o como um saber incompleto — não surge como o absoluto, mas como algo conhecido com deficiência e enquanto parte, disso não se pode abstrair nenhum motivo senão que essa parte tem certeza e verdade empíricas, na medida em

A FILOSOFIA FICHTEANA

que qualquer um sabe que sabe; a tal verdade empírica é dada a prerrogativa da verdade absoluta da totalidade. Concluir uma parte a partir de outras partes não é nada mais senão a retomada daquilo de que se abstraiu; ou, já que aquilo que se produziu pela abstração está imediatamente em relação negativa com aquilo de que se abstrai e este está dado naquele, embora em forma negativa, então a dedução não é nada mais do que uma transformação dos sinais, do *menos* em *mais*. No saber puro, o mundo dos sentidos é posto como um menos; é feita a abstração dele, ele é negado; chegar a esse mundo consiste no fato de que ele é posto como um *mais* e esse *mais* é posto como condição da consciência de si. Na liberdade da essência racional está posto o objetivo, segundo o qual a sua liberdade se orienta, como um menos; a dedução da esfera para a liberdade consiste, portanto, em que a essência é posta, como essente, com um *mais*, assim como um saco de dinheiro vazio é um saco, em relação ao qual o dinheiro sem dúvida já está posto, mas com o sinal de *menos*, e o dinheiro pode ser deduzido do mesmo imediatamente, porque ele é posto imediatamente em sua carência.

Um conhecer mediante tal dedução não é, em si e por si, *nenhum conhecer verdadeiro*; pois esse conhecer começa pelo absoluto, que não é nem uma parte nem incompleto, tampouco é somente para o empíreo certeza e verdade, tampouco por meio de abstração, mas é mediante intuição intelectual verdadeira. Aquele conhecer a partir da carência repousa, no fundo, exatamente sobre o mesmo ser dado [*Gegebensein*] dos objetos para o pensamento analisador, tal como Jacobi, Köppen e outros encontravam o múltiplo e a sua ligação nos fatos revelados e cridos da consciência — com a diferença apenas de que o previamente encontrado tem um sinal positivo em Jacobi e Köppen, mas em Fichte, ao contrário, um sinal negativo; aqueles consideram dado exatamente aquilo que Fichte considera deficiente. Por isso, esse idealismo é a verdadeira inversão do conhecimento formal — todavia não, como disse Jacobi [*Werke*, Vol. III, p. 11], a do cubo do espinosismo, pois o cubo de Espinosa não é invertível, porque flutua livremente no éter e não há nele um em cima ou embaixo, muito menos uma esfera qualquer ou uma tartaruga, sobre as quais ele teria sido fundado, mas tem o seu repouso e o seu fundamento em si mesmo: ele é o seu próprio cubo e tartaruga. Em contrapartida, o poliedro destituído de regra do saber formal repousa sobre um solo que lhe é estranho, no qual ele tem a sua raiz e junto ao qual tem o seu suporte; para o mesmo há, portanto, um em cima e um embaixo. O saber habitualmente formal tem como fundamento a múltipla empiria, mas puxa a partir do mesmo múltiplas pontas de conceitos para a atmosfera ideal. O saber formal fichteano é uma inversão daquele; ele começa na atmosfera em que é estabelecido um único e o mesmo apenas negativa e idealmente, e, consciente da idealidade do mesmo, mergulha o conteúdo negativamente dado como realidade com sinal positivo.

No que diz respeito ao produto de um tal conhecer, que começa de certas partes e quer expressar progressivamente nas partes a carência como uma totalidade posta para o saber, então parece que o produto não apenas poderia ser a totalidade, mas também deveria ser a totalidade. Pois a sua idéia parece ser o pressuposto, na medida em que tãosomente por meio dela pode ser reconhecido que aquele primeiro absolutamente certo é apenas uma parte. Porque ela é, portanto, verdadeiramente o primeiro, então o progresso do desenvolvimento parece ser obrigado a apresentá-la; mas que o todo desse progresso seja totalidade é impossível justamente pelo fato de que apenas um deve ter, como algo em parte conhecido e carente, absoluta verdade e certeza. A pura empiria, que não sabe de uma parte,

A FILOSOFIA FICHTEANA

que não fixa a parte por meio da reflexão como algo que possui pura e simplesmente uma essência, é capaz certamente de começar por uma parte e por meio de seu progresso de descrever e apresentar todo o círculo pelas partes; pois, como ela é empiria, não está metida nos grilhões da reflexão, que torna a parte um em-si e assim torna impossível chegar ao todo. Mas uma totalidade produzida ou, pelo contrário, encontrada pela empiria não é para o conhecimento, se ela é dada também para a representação como tal; pois, para o conhecimento, as partes devem ser pura e simplesmente determinadas pelo todo, o todo deve ser a primeira coisa do conhecimento. Aquele conhecimento formal, o conhecimento originariamente negativo transformado em positivo, assim como não começa do todo, mas progride de uma parte para as outras partes, também não é capaz de aparecer nem para a representação nem para o conhecimento. Pois se o conhecimento parece ter diante de si a idéia absoluta pelo fato de que ele reconhece o saber vazio como algo incompleto, então essa idéia significa imediatamente apenas a negatividade de um outro, que é necessário e que é ele mesmo novamente apenas um finito, uma parte, um outro, e assim por diante até o infinito; a idéia se mostra como algo pura e simplesmente formal porque o ponto de ligação finito, portanto a parte, é um em-si, um absoluto, mediante o qual toda idéia verdadeira de totalidade é pura e simplesmente destruída. O que a dedução produz mediante a sua habilidade [*Kunststück*] de converter o negativo em um positivo é, por isso, necessariamente aquela massa de realidade empírica ordinária, uma natureza por toda parte finita, um mundo dos sentidos; não se abstraiu especulativamente o Eu mediante a abstração do que é estranho no Eu, isto é, o Eu não foi aniquilado, mas foi posta a mesma fórmula na mesma conexão e na mesma efetividade ordinária, com a diferença apenas de ter o sinal

HEGEL

negativo, na forma de uma carência. Assim como o espelho a capturou no empirismo ordinário e a pôs idealmente em si mesmo, assim ele a devolve posteriormente, e esse devolver ou nomear aquilo que carece de carência significa uma dedução imanente, transcendental.

Como a finitude do ponto de partida, que é absoluto, torna impossível que o nascimento do conhecimento seja um todo verdadeiro — pois esse todo é possível única e somente porque nenhuma parte é em si —, então é pura e simplesmente impossível um ideal verdadeiro em que desaparecesse a finitude da realidade empírica, a natureza se tornasse afecção. Não há qualquer outra plenitude de representações senão a do finito; a natureza é pura e simplesmente mundo dos sentidos. A alteração que ocorre com o empirismo ordinário é que ele foi deduzido, isto é, que o sistema, ou melhor, a massa — pois não se pode pensar em um sistema — das representações necessárias para a consciência ordinária aparece primeiro posta como pura carência e conectada àquilo que é o sujeito dessa carência, a saber, o Eu, e é indiferente se refletimos ora na pura carência, ora na massa daquilo que carece, se pensamos, ora no puro pensamento e sempre o puro pensamento, a vacuidade, o nada, ora no conteúdo inteiro desse nada como uma massa de afecções subjetivas, mas apenas subjetivas. Ambos são inseparáveis, tanto o puro menos [*minus*] quanto aquilo de que o Eu carece para que seja uma carência; pois a abstração é imediatamente apenas porque ela está em relação com aquilo de que se abstrai ou porque isso é posto com sinal negativo. A ciência teórica consiste no conhecimento da carência e do múltiplo de que se prescinde; mas a realidade propriamente dita, o verdadeiro mais [*plus*], obtém-se primeiro mediante o puro ato volitivo. Mas um não é sem o outro, a vacuidade não é sem

A FILOSOFIA FICHTEANA

aquilo de que é vazia, a não ser que ele seja posto ideal ou realmente, subjetiva ou objetivamente.

O Eu que, no segundo ato de *A determinação do homem*, em cuja apresentação queremos preferentemente nos manter aqui, se deixa pôr em liberdade mediante um espírito, não pensa de modo algum, quando se crê no fim efetivamente posto em liberdade, nessa sua completa ligação com a necessidade empírica e na esfera inconcebível de sua realidade ordinária na sensação; ele dá à pergunta do espírito: "Você nunca sente algo?" a seguinte resposta: "Eu? De modo algum. Cada sentimento é um sentimento determinado. Nunca simplesmente se vê, se sente ou se ouve, mas sempre se vê, se sente ou se ouve algo determinado: a cor vermelha,o verde, o azul, o frio, o calor, a lisura, a rudeza, a vibração do violino, a voz do homem e coisas semelhantes. (Essas coisas semelhantes abrangem sem dúvida o restante da natureza, o selecionado entre ela todavia deverá ser nomeado especificamente segundo aquilo que foi mencionado: de verde, de vermelho, de vibração do violino; dentre as determinações, os exemplos de formas determinadas teriam sido mais interessantes e úteis do que aqueles exemplos do destituído de forma.) Vamos deixar assim combinado." O Eu se acredita livre de todo esse determinado e da determinação de sua existência empírica em geral por se convencer de que aquelas determinações estão nele e apenas as suas afecções, que o saber disso é um saber imediato do seu estado e que toda a cadeia da necessidade ordinária é apenas unilateral, sendo ele portanto livre, porque o sujeito é para si mesmo uma essência absolutamente empírica mediante afecções e não mediante coisas — uma contradição que deve ser contada como uma das mais duras. Por causa da convicção de que a consciência de uma coisa fora de nós não é nada mais senão o produto de nossa própria faculdade de representar, o espírito declara o Eu livre e eterna-

HEGEL

mente redimido do temor que o rebaixava e ameaçava, livre de uma necessidade que está apenas no pensamento e da efetividade de coisas que existem fora dele, como se ele não estivesse numa única e mesma prisão de seu estado, em uma única e mesma necessidade, a qual, não obstante não esteja mais dada na forma de seu pensamento como um objeto exterior, existe com a mesma efetividade, arbitrariedade e contingência como uma seqüência de afecções e estados.

Já que o Eu está dotado de um único e mesmo reino de realidades como sentimentos, então não há como compreender como ele pode se afligir com o modo da coisidade [*Dingheit*], o qual perdeu o seu sistema de afecções, de que nada, absolutamente nada mais senão representações são determinações de uma consciência como mera consciência. Ele não teria que se queixar daquilo que perdeu, pois aquele mero modo da objetividade e corporalidade do doce e do amargo não vale o esforço, e sim do fato de que permanece rico ainda em sua necessidade inviolada, em toda a sua extensão e largura, da sensação doce e amarga e vermelha etc., do fato nu da intuição (p. 169), ao qual a coisa chega primeiro mediante o pensamento, o qual está perdido somente para ele; não a partir daquilo que o espírito tomou, mas a partir da finitude inteira que o espírito deixou para ele, o Eu pode denominá-lo um espírito perverso.

O *produto* imediato deste idealismo formal que surgiu para nós resulta portanto na seguinte forma: a um reino do *empírico destituído de unidade* e à multiplicidade puramente contingente *se contrapõe um pensamento vazio*. Se o pensamento vazio é posto como força eficiente e real, ele deve ser reconhecido, do mesmo modo que a objetividade acima mencionada, como um ideal; ou, para ter puramente a oposição contra a necessidade e a multiplicidade empíricas, ele deve ser posto não como força real e efici-

A FILOSOFIA FICHTEANA

ente, isto é, relacionado à realidade, mas puramente para si como unidade vazia, como *universalidade* inteiramente separada da *particularidade*. A razão pura de Kant é justamente esse pensamento vazio, e a realidade está igualmente contraposta àquela identidade vazia, e é aqui que não coincide em ambos o que torna *necessária a fé no além*. Mas a realidade que carece necessariamente da identidade com a razão prática não é considerada na filosofia kantiana meramente como na relação inteiramente empírica — como ela é dada como sentimento do sujeito empírico e unicamente pode aparecer no idealismo fichteano —, mas Kant a reconhece simultaneamente como uma realidade superior, a saber, como sistema orgânico e natureza bela.

Desse modo, no idealismo fichteano o sistema do saber é um saber de um saber inteiramente vazio, ao qual é contraposta em geral uma realidade empírica — um saber da unidade contraposto à multiplicidade — e uma identidade relativa de ambos. Diante de um tal saber formal, que não pode conduzir senão até a identidade relativa e ao seu oposto absoluto, que em Kant tem a forma popular e menos abstrata da serenidade e moralidade, deve se colocar do outro lado a verdadeira identidade como um além absoluto. Porque pensamento e saber são pura e simplesmente apenas formais, apenas na oposição e apenas relativamente, então o conhecimento razoável e a idéia especulativa são imediatamente superados e impossíveis. O esforço supremo do pensamento formal é o reconhecimento de sua nulidade e do dever; mas, porque ele não renuncia a si verdadeiramente, o dever é vivaz; o dever é um querer permanente, que não pode nada senão apenas irromper até a infinitude e a nulidade, mas não através do mesmo até o conhecimento positivo e razoável.

Essa forma da triplicidade — pôr, pensar, infinitude, depois ser, contrapor, finitude e, na medida em que os dois

HEGEL

primeiros são pura e simplesmente diversos, uma relação de ambos sucessivamente com o saber, relação que é ela mesma uma relação duplicada em: a) uma relação incompleta, a relação positiva com o saber; e b) identidade absoluta de ambos (e essa está fora de tal saber e conhecer) — essa forma da triplicidade expressa todo o sistema em todas as suas apresentações, tal como primeiro na *Doutrina da ciência*.

As duas primeiras partes ou a oposição estão contidas em seus dois primeiros princípios, cujo primeiro, Eu = Eu, não é nada senão a identidade formal, a infinitude — a qual tem contra si uma finitude —, justamente porque ele tem ainda um segundo princípio, para ele absoluto, não reconhecível externamente a partir do Eu = Eu e necessário segundo si mesmo; essa segunda ação deve ser condicionada segundo a matéria, trata-se de um agir em relação a um outro agir; mas (*Doutrina da ciência*, p. 18 s.) a condição, sob a qual seria posto o oposto do Eu, não pode resultar do Eu = Eu, já que a forma do opor está tão pouco contida na forma do pôr que aquela está muito mais contraposta a esta mesma. Que o pôr bem como o contrapor sejam ambos um agir do Eu ele mesmo — com essa identidade, a qual é a mesma que se encontrava no sujeito precedente, da substância simples da alma como o recipiente comunitário para diversas atividades contrapostas —, serve tão pouco a algo, que ela é muito mais o mais formal e aquilo que essa filosofia deve desenhar ao máximo. E o começo com a oposição é, em parte, um filosofar provisório e problemático que anda em círculos juntamente com coisas que não são nada, com abstrações vazias, e gera realidade para eles primeiramente na síntese que se sucede — como reconhece Fichte que esse puro Eu e não-Eu tem um existir para o pensamento fora e antes da imaginação produtiva apenas por meio de uma ilusão da imaginação — e, em parte, um

A FILOSOFIA FICHTEANA

filosofar problemático que pura e simplesmente confronta o infinito, o pensamento, ao contraposto, à matéria, e postula e toma empiricamente a matéria múltipla ou o contrapor à primeira, já que na consciência de cada um deles se encontra tal contrapor, mas não em verdadeira identidade.

O terceiro princípio é o relacionar na consideração duplicada dada, que é, por um lado, o princípio do saber formal e do relacionar finito por meio da conexão causal, que está inteiramente na diferença e na divisão, e por outro, o princípio para a crença, por meio da qual a identidade absoluta está fora do conhecer; contudo, ambos os lados da relação, a forma como saber e a matéria da crença, não podem pura e simplesmente se tornar um único. O ressaltar de um lado da oposição, a saber, da infinitude, a reflexão unilateral com o primeiro princípio constitui o idealismo, mas não de outra maneira, como se a abstração mais comum fosse um idealismo, como negação e particularidade, identidade positivamente formal.

Por causa da forma da triplicidade, em que o saber está na diferença, contudo o não-diferente é apenas ou infinitude, identidade formal, ou para-além do conhecer, o sistema fichteano não sai para fora do princípio do entendimento humano universal, e depois que se espalhou o pré-juízo falso de que o princípio não é o sistema do entendimento humano comum, mas um sistema especulativo, faz-se todo o esforço [*wie billig*] para extirpar esse pré-juízo em novas apresentações mais recentes. Nada deixa mais claro que Jacobi tenha mal compreendido esse sistema do que quando, na carta a Fichte,[1] ele crê em uma filosofia de *uma só* parte, um verdadeiro sistema da razão, produzida pela maneira fichteana (aliás, unicamente possível pela maneira fichteana). Jacobi contrapõe-se à filosofia fichteana pelo fato de que ele entende sob o verdadeiro algo que

---

[1]Carta a Fichte (52).

HEGEL

está *antes* e *fora* do saber. Mas nisso a filosofia fichteana coincide completamente com a jacobiana; para elas, o absoluto está unicamente na crença e não no conhecer. Fichte torna-se culpado, como diz Jacobi (Prefácio à carta, p. VIII), tampouco na majestade do lugar, onde o verdadeiro está fora do conhecer, — ele tampouco quer circunscrevê-lo ao âmbito da ciência, de modo que a identidade absoluta está para ele pura e simplesmente fora do saber, que o saber, como espera Jacobi, é formal [*formell*] e está na diferença, de modo que Eu não é igual a Eu, que o absoluto não é pensado, mas podem ser pensados apenas sujeito *e* objeto, um *depois* do outro, um *determinando* o outro, ambos podem ser pensados apenas na conexão causal. Sobre isso Espinosa diz, que não se pode pensar a identidade absoluta do pensamento e do ser, no *Principiorum philosophiae cartesii pars 1*, Proposição VI, escólio: "*Quidam sunt, qui negant, se ullam Dei* (ou seja, como Espinosa define Deus da essência, em cuja idéia está necessariamente a existência ou cuja idéia e ser são um só) *ideam habere, quem tamen, ut ipsi aiunt, colunt et amant. Et quamvis ipsis Dei definitionem Deique attributa ob oculos ponas, nihil tamen proficies: non hercle magis quam si virum a nativitate coecum colorum differentias, prout ipsos videmus, docere moliaris. Verum, nisi eos, tanquam pro novo animalium genere, medio scilicet inter homines et bruta, habere velimus, eorum verba parum curare debemus.*"[2]

---

[2]"Alguns discordam que tenham uma idéia de Deus, embora, como eles mesmos dizem, o honrem e amem. Mesmo que se coloque diante da vista desses homens a definição e os atributos de Deus, se obterá com isso tão pouco, como quando quiséssemos ensinar a um cego de nascença sobre as diferenças das cores tal como as vemos. Portanto, não podemos dar muita importância para as palavras de tais pessoas, mas gostaríamos de considerá-los como uma nova espécie de animais, que se encontra no centro entre os homens e os animais irracionais." Espinosa, *Os princípios da filosofia de Descartes fundamentados de um ponto de vista geométrico.*

A FILOSOFIA FICHTEANA

Foi mostrado anteriormente por que a filosofia jacobiana tanto abomina o niilismo que ela encontra na filosofia fichteana; mas no que diz respeito ao sistema fichteano ele mesmo nesse respeito, certamente a tarefa do niilismo se encontra no puro pensamento; mas ele não é capaz de chegar ao niilismo, porque esse puro pensamento permanece pura e simplesmente apenas de um lado e, portanto, essa possibilidade infinita tem diante de si uma efetividade infinita e, ao mesmo tempo, consigo mesma. E assim o Eu é afetado pura e simplesmente na infinitude por um não-Eu, tal como deve ser, já que a infinitude, o pensamento, que é apenas um lado da oposição, deve ser posto como sendo *em si*; mas por isso o seu *correlatum* não pode ser pura e simplesmente aniquilado, porém destaca-se com elasticidade insuperável, pois ambos são fundidos conjuntamente com cadeias diamantinas pelo destino supremo. O primado da filosofia é, contudo, conhecer o nada *absoluto*, ao qual conduz tão pouco a filosofia fichteana quanto mais a jacobiana a abomina por isso. Contra isso, ambos estão no nada contraposto à filosofia; o finito, a aparição, têm para ambos realidade absoluta; o absoluto e o eterno são para ambos o nada para o conhecer. Jacobi censura o sistema kantiano de ser uma mescla de idealismo e empirismo; destes dois ingredientes, a sua censura não atinge o empirismo, mas o idealístico ou o lado da infinitude. Embora ela não possa ganhar a completude do verdadeiro nada, ela é, desse modo, também já o insuportável para ele, porque ela ameaça colocar em perigo a absolutidade do empírico e nela se encontra a exigência do aniquilamento da oposição.

Jacobi diz: "Deus é e está *fora* de mim, uma essência viva, existente por si mesma, *ou* eu sou Deus. *Não há um terceiro.*" A filosofia diz contra isso que *há um terceiro*, e é filosofia pelo fato de que um terceiro é; na medida em que ela predica de Deus não meramente um ser, mas também predica um pensamento, ou seja, um Eu, e reconhece a identidade absoluta de ambos, não reconhece nenhum *fora* para Deus e, por isso, tampouco o reconhece como uma tal essência existente *por si mesma*, que seria determinada por um fora dele, isto é, fora do qual seria ainda um existir outro, mas fora de Deus não reconhece nada e nenhum existir, portanto, pura e simplesmente extermina no centro absoluto o *ou-ou*, que é um princípio de toda lógica formal e do entendimento que renuncia à razão. Aquele pensamento fundamental jacobiano, dentro do qual a sua filosofia se expressa completamente, do qual ao mesmo tempo também poderia se mostrar que Jacobi não contradiz Fichte apenas na página anterior àquela em que o expressa — na medida em que diz que ele afirma: o homem encontra Deus, porque ele pode se encontrar apenas *em* Deus —, mas também em centenas de outras passagens, onde ele chama a razão de divina etc., se de resto não tivesse sido mostrado o suficiente que tais *começos* devem ser pura e simplesmente apenas algo espirituoso, nada filosófico, e onde ele assumiu filosoficamente as suas idéias de outros e as considera seriamente apresentadas como uma verdade para o saber, pressentindo-as não apenas como ateísmo e assim por diante, mas afirma dogmaticamente e se encontra em um dualismo absoluto justamente onde ele mesmo ultrapassa o ter idéias e chega ao pensamento — esse princípio jacobiano é de igual maneira princípio fichteano. A ordem moral do mundo, a qual está na crença, é pura e simplesmente também *fora* do Eu; o Eu chega nela, ou ele chega apenas no Eu, obtém apenas realidade para o Eu no progresso infinito. Para o Eu, as coisas não podem pura e simplesmente vir-a-ser o que elas devem ser, porque justamente com isso o não-Eu cessaria de ser e se tornaria Eu, o Eu = Eu como identidade verdadeiramente absoluta seria sem um segundo princípio, que elevasse um tanto o Eu que ele

A FILOSOFIA FICHTEANA

mesmo pôs, e cessaria ele mesmo de ser Eu. Por conseguinte, no sistema desse saber pensa-se tão pouco em um sair do dualismo como apenas Jacobi pode esperar. A realidade não dualística está na crença, e não há no sistema fichteano tampouco aquele terceiro, que é verdadeiramente o primeiro e o único, bem como pode ser pura a negatividade não dualística, a infinitude, o nada; ela deve ser pura, mas não se torna pura, porém ela mesma é novamente fixada e, desse modo, se torna subjetividade absoluta. Na medida em que refletia em um lado da oposição a infinitude, a identidade formal, Jacobi, que achava que esse niilismo da filosofia transcendental queria arrancar o seu coração do peito, tinha de refletir apenas no outro lado da oposição, a qual estava de igual maneira dada, no qual ele podia encontrar todas as afecções e estados de ânimo, todo o revelado e empírico crido.

A *Ciência teórica* desse idealismo considera-se de nenhuma outra maneira senão como a produção daquela oposição entre infinitude e finitude, de um lado a produção da abstração do saber e pensamento puros, como do saber e do pensamento, e do outro lado produção da abstração do não-saber e do não-pensar ou do não-Eu. Ambos estão postos apenas no saber e para o saber, tanto um quanto o outro são abstração e vacuidade. O lado empírico é em geral no teorético a abstração do múltiplo, um não-Eu. Na medida em que o real é ele mesmo posto de maneira inteiramente formal ou ideal, toda a estrutura desse idealismo teórico não é nada mais senão a construção de formas lógicas, que abstraem de todo conteúdo. A via científica que assume esse idealismo formal ou lógico em sua transição para a realidade — transição que ele denomina dedução da mesma — foi designada anteriormente; o seu próprio conteúdo são as identidades relativas entre o pensamento vazio e a abstração da multiplicidade, cujos três elos caem eles mesmos inteiramente dentro do saber vazio. Temos de considerar a integração dessa vacuidade segundo o seu conteúdo. No idealismo teorético, o empírico é uma abstração; no prático, contudo, ele surge como realidade verdadeira, empírico visível e perceptível. A natureza, que era ali apenas um não-Eu, um meramente negativo, determinada em geral como o contraposto, surge aqui a partir da abstração do saber na riqueza de sua realidade e no esplendor de sua vitalidade — isto é, de ser um azedo e um doce e um amargo, um azul e um vermelho.

Na filosofia jacobiana, essa integração já está dada imediatamente por meio de seu empirismo originário e de sua particularidade não abstraída do sujeito. Na filosofia kantiana, o particular — do qual carece a universalidade da razão, a qual, na medida em que ela tem essa carência, é denominada razão prática — é tomado igualmente de maneira empírica e despreocupada; o ser dado do particular, das inclinações e paixões, do patológico em geral, o qual tem de ser combatido pela razão, a natureza, a qual tem de ser elaborada por ela e submetida à finalidade da razão — pois a finalidade da razão ainda não está realizada nela —, são pressupostos como dados; e o conteúdo da finalidade da razão, o supremo bem, bem-aventurança por mérito — e cada um deve ter o mérito, portanto, de ter bem-aventurança em geral —, são pressupostos empiricamente segundo aquilo em que consiste essa bem-aventurança. A integração fichteana mediante a realidade ocorre *a priori*, a saber, mediante a fé, que é o princípio da passagem da carência para a plenitude em geral ou a forma pura da transformação do *menos* em *mais* e da associação de ambos na atuação recíproca de um sobre o outro — mas também apenas a forma, pois a matéria ela mesma, da qual se abstraiu no *menos* da idealidade, é, como necessário, tão empírica e sem totalidade quanto nos sistemas anteriores.

A FILOSOFIA FICHTEANA

O princípio fundamental que tudo rege da integração do ideal mediante o real, da conjunção do pensamento vazio ou da razão com o mundo dos sentidos que se contrapõe a eles, tal como a natureza aparece aqui, consiste pura e simplesmente em um não ser o que o outro é, e que em toda associação dos mesmos não se produz nenhuma identidade verdadeira. Assim como a identidade e eternidade verdadeiras estão, para o saber, além da fé, assim também estão igualmente além no prático e no real, a saber, no progresso infinito. Assim como ali o pensamento vazio é absoluto como saber puro ou razão teórica, assim também ele é aqui absoluto como vontade pura ou razão prática, e do mesmo modo o seu contrário é um mundo dos sentidos empírico absoluto. As identidades práticas relativas, que Kant realizou menos, resultarão em suas diversas ramificações.

A primeira coisa a ser feita na integração deve ser sobretudo introduzir novamente a realidade de ambos os elos da oposição ou suprimir a abstração teórica e constituir a fé segundo o seu produto. O teórico consiste na idealidade ou na reflexão sobre a infinitude, a qual é tanto infinitude como tal, saber vazio, pensamento puro, como também contraposição absoluta $0 = +1 - 1$, e cada um determina que um não é o que o outro é. Um é apenas na medida em que entra o outro, e como o outro entra, ele não é; a realidade da infinitude ou do pensamento vazio consiste no $+1 - 1$, e a existência dessa oposição fornece o conteúdo do idealismo ou das formas lógicas; ao mesmo tempo eles são ideal $= 0$, e a sua verdade verdadeira [*wahre Wahrheit*] está na infinitude ou em eles não serem nada.

Essa idealidade só pode ser suprimida no prático: o $+1$ e o -1 não devem ser igual a zero, e a realidade que eles obtêm é a de que a infinitude, o pensamento vazio, que é o centro de $+1, 0, -1$ em que eles redundam, sai do centro

HEGEL

e vai para o lado, e, perante ela, o mundo dos sentidos, o reino da existência finita, esse constituir-se de ambos, se chama puro ato da vontade, que decreta o nada do +1 e −1 como algo absoluto. Aqui entram todos os conhecimentos populares: que você existe para o agir e que o seu agir determina o seu valor, a absolutidade da razão prática, a liberdade absoluta etc.

Contudo, depois que esses nadas da contraposição absoluta foram pura e simplesmente decretados como realidades, então tudo o que se segue depende formalmente da fé, que é a expressão da identidade exigida de ambos. Mas ela é inteiramente formal para o conhecimento e a construção do prático, pois expressa nada mais do que essa exigência, a linha pura de um fio, que simplesmente não pode ter nenhum preenchimento, nenhuma profundidade, nem comprimento ou largura, e admite apenas identidades relativas, que sempre têm atrás de si a exigência. A subjetividade, o Eu, a pura vontade, contrapostos à objetividade, estão na oposição absoluta e simplesmente não podem resolver a tarefa da identidade e da integração.

A vontade pura deve se tornar real mediante o agir; a realidade que brota dele mediante o agir deve partir dele, ser o seu próprio; a realidade deve, portanto, estar primeiro dada, idealmente, na vontade como intenção e finalidade do sujeito. O Eu deve pura e simplesmente delinear o conceito como inteligência a partir de sua autoridade absoluta de si mesmo, e a vontade não deve ser afetada por nenhuma outra realidade que ele fizesse a si finalidade como dada em um lugar qualquer, mas, como vontade pura, ter apenas a finalidade delineada livremente por si mesmo. Na medida em que o homem se determina para o agir, surge para ele o conceito de algo futuro que sucederá o seu agir, e esse é o aspecto formal do conceito de finalidade. Mas a vontade é identidade pura sem qualquer conteúdo e é pura apenas na medida em que ela é algo inteiramente formal, destituído de conteúdo. É em si impossível que o seu conceito de finalidade tenha a partir dela um conteúdo, e não permanece absolutamente nada senão esse idealismo formal da fé, que põe o aspecto subjetivo vazio da finalidade igualmente de maneira vazia e objetiva, sem poder ou ser capaz de dar à finalidade um mínimo de realidade ou conteúdo internos; pois, do contrário, a vontade pura não é mais o determinante.

A nulidade sublime e a vacuidade unicamente conseqüente devem ceder até a ponto de levarem em consideração a realidade, e se o conteúdo deve ser erigido como um sistema de obrigações e leis para vantagem científica, então ou a realidade ideal ou o conteúdo das leis, obrigações e virtudes são empiricamente eliminados, como Kant faz muito bem, ou deduzidos, a partir de um ponto de partida finito, continuamente de finitudes, como Fichte começa arbitrariamente de uma única essência racional, e uma tal que não tenha corpo etc. Segundo o modo com que o sistema é erigido, porque a realidade só pode ser uma multiplicidade, já que ela permanece na contraposição com a idealidade, surge uma quantidade, sem dúvida infinita, de obrigações, leis ou virtudes, que justamente por isso não chegam em si e por si nem à totalidade nem à perfeição exterior de um sistema, e do mesmo modo se contradizem necessariamente em sua determinidade e não são capazes de nenhuma restrição recíproca ou prerrogativa e submissão mútuas, pois cada uma é posta na forma ideal e, portanto, surge com a pretensão da absolutidade. As ciências morais fichteanas e kantianas são as provas empíricas disso.

Assim, de um lado se encontra integrada a razão pura. Se ela afirma a si como vontade pura, ela é em sua afirmação uma declaração nula. Se ela se dá um conteúdo, então

HEGEL

ela precisa tomá-lo empiricamente, e se ela deu a esse conteúdo a forma da idealidade prática ou fez dele lei e obrigação, então está posto um conflito absoluto desse conteúdo, conflito que suprime toda ciência e que é destituído de totalidade.

Mas do outro lado se encontra a natureza tornada absoluta e realidade empírica mediante o puro ato da vontade. O que aniquilava o lado ideal deve, porque o lado decretava a si mesmo absoluto, destacar-se de igual maneira. Se a realidade empírica ou o mundo dos sentidos não estivesse em toda a força de sua contraposição, então eu cessaria de ser Eu; o Eu não poderia agir, a sua determinação elevada estaria perdida. O mundo supra-sensível é apenas a fuga do mundo sensível; se não há nada mais de que se foge, então a fuga e a liberdade e o mundo supra-sensível não são mais postos, e essa realidade empírica é tanto *em si* quanto Eu. Ao mesmo tempo, a relação que obtém no ato da vontade determina o modo como ela deve ser. A essência do Eu consiste, a saber, no agir: o pensamento absoluto e vazio deve pôr a si mesmo; ele não foi posto, a ele não se junta nenhum ser; mas o mundo objetivo é o seu ser, e só pode chegar ao seu verdadeiro saber pelo fato de que aniquila esse ser, e a natureza é, por conseguinte, determinada como mero mundo dos sentidos, como algo a ser aniquilado, e ela deve ser reconhecida como tal. Ao contrário, se o Eu, bem como o objetivo, se reconhecem como essentes, então o Eu se reconhece como pura e simplesmente dependente do mundo e preso em uma necessidade absoluta; ele deve se reconhecer apenas como negação do mundo dos sentidos e, portanto, o mundo dos sentidos como algo a ser negado ou como algo absolutamente ruim.

Aquele conhecimento primeiro do mundo como um real, que precede o puro ato da vontade, no qual o mundo novamente obtém realidade absoluta, mas uma tal que

A FILOSOFIA FICHTEANA

precisa ser aniquilada, isto é, a pior que pode ser pensada, representa a primeira ascensão em *A determinação do homem*, dentro do que o Eu se reconhece como "uma exteriorização determinada pelo universo de uma força natural determinada por meio de si mesma", e que a natureza age nele, que ele se encontra submetido às eternas leis da natureza e a uma necessidade rígida, que o mais tranqüilizador será submeter os seus desejos a ela, já que o seu ser está completamente submetido. Todavia, esses pensamentos racionais "se opõem aos seus desejos. Porque ele deveria ocultar a nostalgia, a abominação, a repugnância que atingem o seu íntimo apesar de tal decisão?"

Essa arrogância desmedida, essa loucura das trevas desse Eu, de horrorizar-se diante do pensamento, abominá-lo, tornar-se nostálgico pelo fato de que ele é uno com o universo, que a natureza eterna age nele — o seu propósito de se submeter às leis eternas da natureza e sua necessidade sagrada e rígida, abominando-as, e repugnar-se e tornar-se melancólico a esse respeito, desesperar-se quando ele não é livre, livre das leis eternas da natureza e de sua necessidade rígida, acreditando tornar-se subserviente por meio do mesmo de um modo indescritivelmente miserável —, pressupõe em geral já uma visão a mais universal, despojada de toda razão, da natureza e da relação da singularidade com ela, uma visão que é inteiramente estranha à identidade absoluta do sujeito e do objeto e cujo princípio é a absoluta não-identidade, a qual a natureza só pode compreender sob a forma da contraposição absoluta, portanto como objeto puro, do qual é possível apenas ser dependente ou torná-lo dependente de si, contraposição que se encontra em geral na conexão causal — uma visão da natureza como uma coisa, onde se encontram previamente dadas as "diferenças entre verde, doce, vermelho, liso, amargo, aroma, áspero, som de violino, cheiro ruim,

HEGEL

som de trompete" (*A determinação do homem*, p. 106). O que seriam as leis da natureza além de tais qualidades — e veremos a seguir quais qualidades teleológicas da natureza Fichte ainda conhece —, das quais muitas vezes se repete que nenhum espírito penetra o seu interior? Como se elas fossem algo completamente diferente das leis racionais — leis a que o Eu se envergonha de se submeter, às quais obedecer o torna indescritivelmente miserável, e estar submetido a elas o conduziria ao desespero.

Depois que o Eu, no segundo ato de sua determinação, acredita ter perdido essa natureza, diante da qual ele tanto se horroriza, por meio do saber que vimos anteriormente e novamente se torna tão aflito e entra em desespero sobre o seu ser, então ele a produz por meio de sua determinação, de sua ação e do puro ato da vontade — como uma natureza que precisasse ser aniquilada. Essa intuição da natureza como algo que não é em si, mas puro fenômeno, portanto não tendo nenhuma verdade ou beleza, fundamenta uma teleologia da natureza e uma teologia física que está diretamente contraposta à teologia mais antiga segundo o conteúdo, mas fundamentada no mesmo princípio segundo a forma. Aquela teleologia mais antiga referia a natureza no singular a fins que estão fora desse singular, de modo que cada um só seria posto em virtude de um outro — todavia, no todo constitui um sistema que sem dúvida teria a fonte de sua vida fora de si, mas fosse um reflexo de beleza e razão eternas e trouxesse em si a verdade suprema e mais bem-aventurada, a lei consumada da sabedoria suprema. A teleologia fichteana apresenta aquilo que aparece como natureza igualmente como um existente em virtude de um outro, a saber, a fim de constituir para a essência livre uma esfera e um espaço de jogo para poder tornar-se ruínas, e sobre elas se elevar, assim alcançando a sua determinação. A filosofia fichteana tem em comum com

A FILOSOFIA FICHTEANA

qualquer teleologia, particularmente o eudemonismo, esse princípio teleológico comum de que a natureza não é nada em si, mas apenas em relação a um outro, de que ela é um absolutamente não-sagrado e morto; mas *o quê* a natureza é por meio do outro e para o outro, nisso a teleologia fichteana está contraposta às outras.

Assim como a natureza é verdade eterna na teleologia física, assim ela é na teologia moral kantiana e fichteana algo a ser aniquilado, que deve primeiro ser realizado na finalidade da razão, despojada da verdade, portando em si a lei da feiúra e do que é contrário à razão; irrompem aqui as ladainhas mais ordinárias sobre o mal-estar no mundo, cujo pessimismo Kant colocou no lugar do otimismo, na medida em que ele e, depois dele, Fichte expuseram em forma filosófica e provaram sistematicamente aquilo que Voltaire contrapôs ao o otimismo que foi rebaixado da beatice para a empiria da vida ordinária, colocando no ponto de vista da empiria e portanto contrapondo *ad hominem* de modo inteiramente conseqüente, mediante o que é completamente perdida aquela conseqüência, e a verdade relativa do empírico contra empírico deve se tornar uma verdade absoluta. O procedimento voltaireano é um exemplo do entendimento humano sadio, que esse homem possuiu e de quem tantos falaram mal para vender as suas enfermidades como entendimento humano. Como uma idéia filosófica é rebaixada ao fenômeno e se torna uma unilateralidade quando ligada imediatamente aos princípios da empiria, então o verdadeiro e sadio entendimento humano contrapõe a ela a outra unilateralidade, a qual se encontra de igual maneira no fenômeno, e mostra com isso a inverdade e o ridículo da primeira, na medida em que para esta se faz referência ao fenômeno e à experiência, mas o entendimento humano indica o contrário nesta mesma experiência e fenômeno. Mas o uso e a verdade da segunda

HEGEL

unilateralidade não vão por si mesmos mais longe, e o autêntico e sadio entendimento humano também não exige mais dela. O pedantismo escolar se torna, ao contrário, igualmente ridículo diante do entendimento humano sadio pelo fato de que ele toma como absoluto aquilo de que fazia apenas este uso relativo *ad hominem* e o verte seriamente em forma filosófica. Esse mérito a filosofia kantiana e fichteana tomou da argumentação voltaireana, um mérito de que os alemães em geral se gabam por terem configurado e aperfeiçoado uma ocorrência subjetiva francesa, colocando-a sob uma luz adequada, executando-a de modo mais fundamentado e devolvendo-a depois de torná-la científica, isto é, tomando-lhe ainda a verdade relativa que tem pelo fato de que deveria ser comunicado a ele a verdade universalmente válida que não é capaz.

Mediante a subjetividade absoluta da razão e a sua contraposição à realidade, o mundo é absolutamente contraposto à razão e, desse modo, finitude absoluta destituída de razão e mundo dos sentidos inorgânico, que deve daqui por diante se tornar igual ao Eu no progresso infinito, ou seja, é e permanece absoluto. Portanto, a natureza física já se mostra como algo contrário à razão (*A determinação do homem*, p. 221 e ss. [SW, V. II, p. 267 e ss.]): "Ela resiste a garantir sustento para o nosso gênero, de modo que *espíritos imortais são obrigados a voltar todos os seus pensamentos e interesses para o solo que contém seu alimento. Ainda agora* ocorre constantemente que um clima hostil destrua o que requereu trabalho de um ano, e assim condena o homem laborioso e esforçado, inocente (contudo muitas vezes também culpado) à fome e à miséria; enchentes, furacões, vulcões, terremotos; enfermidades que assolam os homens *ainda* no decorrer desse ano, no ápice de suas forças, e crianças cuja existência transcorre sem frutos ou conseqüências; além disso pestes etc. *Mas não deve perma-*

A FILOSOFIA FICHTEANA

necer sempre assim." Contudo, essa natureza inconsciente tem sempre mais entendimento do que o modo como existe o gênero humano, cujas "hordas selvagens erram por desertos imensos e, quando se encontram, elas *se devoram festivamente*; também os exércitos, quando se vêem, matam-se uns aos outros. Assim aparamentados com o que de mais elevado o entendimento humano concebeu, frotas de guerra cortam os mares através de tempestades e ondas, a fim de assassinar-se. Esses homens às avessas, dos quais uma parte conserva a outra como escravos, apesar de em combate eterno entre si, associam-se imediatamente uns aos outros contra o bem, que por si é sempre o mais fraco, tão logo o avistam", o que não era absolutamente necessário, já que, além do bem ser por si o mais fraco, também os *bons*, por seu lado, fazem as coisas igualmente mal. Pois no fomento do fim racional, para cuja obtenção infalível a razão serve de fiador, os bons se comportam — cujo agir inclui o objetivo da humanidade e inclui a ordem moral do mundo — esses bons se comportam como cidadãos provincianos: os bons possuem sempre um amor próprio secreto, reclamam e culpam uns aos outros; cada um desses bons homens considera a melhoria que quer fazer como a mais importante e melhor e denuncia nos outros homens bons, para os quais a sua não é tão importante, a traição da boa causa etc., como se pode ler mais detalhadamente em *A determinação do homem* (pp. 226-230; *Obras*, vol. II, p. 269 e s.).

Em suma, um sentimentalismo moral, quando segue apenas pelo lado do feio e inútil, assim como a beatice segue pelo lado do bom e do útil, se torna uma visão racional do mundo, e a filosofia se pôs na visão ordinária da subjetividade, a qual, sendo ela mesma uma causalidade e arbitrariedade, isto é, um mal, também vê objetivamente o mal, isto é, causalidade e arbitrariedade, e renunciou com-

HEGEL

pletamente à sua própria elevação, bem como à elevação de sua visão de mundo a partir da visão de uma necessidade empírica, a qual é una com a contingência na visão de uma necessidade eterna, a qual é una com a liberdade, a necessidade da sabedoria existente como curso do mundo — e a reconhecer aquilo que Platão diz do mundo, que a razão de Deus o gerou como um deus bem-aventurado (*Timeu*, 34 b).

A religião compartilha com essa filosofia da subjetividade tão pouco a sua visão que, na medida em que esta compreende o mal apenas como contingência e arbitrariedade da natureza já em si finita, ela, ao contrário, apresenta o mal como necessidade da natureza finita e em unidade com o conceito da mesma; isto é, apresenta não uma redenção postergada num progresso infinito e jamais realizável, mas verdadeiramente real e existente, e oferece à natureza, na medida em que é considerada como finita e singular, uma reconciliação possível, cuja possibilidade originária, o subjetivo à imagem e semelhança originária de Deus — todavia o seu lado objetivo, a efetividade de sua encarnação eterna como homem —, redime a identidade daquela possibilidade e desta efetividade por meio do espírito como o ser uno do subjetivo com o Deus tornado homem, portanto reconstrói o mundo *em si* e o santifica de um modo inteiramente diferente que no ideal da ordem moral do mundo, na qual os vulcões etc. não permanecem sempre como são, porque queimaram até o fim, os furacões se tornaram mais suaves, as doenças menos dolorosas, a atmosfera das florestas e dos pântanos melhor; e porque na religião o mundo foi santificado segundo o seu ser, então ele é posto como não santificado apenas para a limitação do conhecimento, a intuição empírica e o estabelecimento de seus próprios objetivos, contudo a intuição consumada e a bem-aventurança eterna são postas expressamente *para*

A FILOSOFIA FICHTEANA

além da limitação, da limitação que deve permanecer pura e simplesmente imanente na ordem moral do mundo e para cujo propósito os vulcões inclusive se apagam, os terremotos se tornam mais brandos, os povos não mais invadem ou saqueiam uns aos outros pela guerra etc. Ao contrário, nesta filosofia o mundo não é natureza ou divino nem está reconciliado com o seu lado ético, mas é algo em si ruim; para a finitude, todavia, o mal é apenas um elemento contingente e arbitrário. Contudo, se o mundo físico e ético não fosse em si mais do que mundo mau dos sentidos e a maldade não fosse absoluta, então seria eliminado também o outro absoluto, a liberdade, essa vontade pura que um mundo precisa e que se realiza primeiro na razão, e assim seria eliminado também todo o valor do homem, porque essa liberdade é apenas na medida em que nega, e só pode negar enquanto aquilo que nega é.

Assim o originário, entendido como natureza, a razão absoluta, não é reconhecido como em si essente e nem como verdadeiramente devindo no progresso infinito, assim também a relação de diferença é reconhecida em sua verdade, pois esta é compreendida como em-si e, por isso, não pode ser suprimida. Para a mesma o mal deve ser um contingente, já que ela é sozinha o mal. Esse mal, todavia, que deve particularmente se encontrar para a relação de diferença e para a separação do eterno, não pode ser determinado senão como o contrário daquela separação absoluta. O contrário da separação, todavia, não é nada senão o ser uno com o universo, que o universo vive e atua em mim, que a obediência diante da lei eterna da natureza e da necessidade sagrada é a coisa mais terrível e triste para o Eu. Assim como a diferença ou o mal não foram corretamente compreendidos, assim também a reconstrução pode ser verdadeira, porque são postos como originariamente se-

HEGEL

parados e irreconciliáveis o infinito ao finito, o ideal e a razão pura ao real e à existência.

Essa reconstrução precisava revelar a essência do espírito e apresentá-la tal como nela a natureza se reflete, isto é, livremente, natureza que se recolhe em si mesma e eleva a sua beleza originária, manifesta, real, ao ideal ou à possibilidade e, portanto, como espírito, cujo momento, na medida em que a identidade é comparada com a totalidade como aspecto originário, aparece apenas por isso como movimento e destruição da identidade e como reconstrução — e como a essência da natureza, na forma da possibilidade ou como espírito, goza de si mesma como um ideal vivo em realidade intuível e ativa e tem a sua efetividade como natureza ética, efetividade em que o infinito ético ou o conceito e o finito ético ou a individualidade são pura e simplesmente um único.

Mas como o espírito foi fixado absolutamente neste formalismo como indiferença diante do diferente, então não pode ter lugar nenhuma realidade verdadeira do ético, nenhum ser uno do conceito do mesmo e de sua efetividade. O ideal prático, o conceito de finalidade posto por meio da pura vontade, são aquela indiferença e vacuidade puras, mas o conteúdo é o particular da individualidade ou o empírico do bem-estar, e ambos são incapazes de ser unos na totalidade ética. A multiplicidade absoluta desta empiria, tomada formalmente na indiferença ou no conceito, fornece uma multiplicidade de direitos, assim como a totalidade formal da mesma e o seu tornar-se real a constituição e o Estado. Segundo o princípio do sistema, de que o conceito é absoluto nesta forma não movida da contraposição, o jurídico e a construção do jurídico como um Estado são um essente por si e absolutamente contrário à vitalidade e individualidade. Não é o vivo ele mesmo que se põe ao mesmo tempo universalmente na lei e se torna verdadeiramente objetivo no povo, mas a ele se contrapõe o universal, fixado por si mesmo, como uma lei, e a individualidade se encontra sob uma tirania absoluta. O direito deve acontecer, mas não como liberdade interna e sim como liberdade exterior dos indivíduos, a qual é um subsumir-se dos mesmos sob o conceito que lhes é estranho. O conceito se torna aqui pura e simplesmente objetivo e forma de uma coisa absoluta, da qual ser dependente significa a aniquilação de toda liberdade.

No que concerne ao outro lado, a saber, de que o conceito de finalidade produzido pela vontade pura é subjetivo, se pudesse ser produzido por ele efetivamente algo mais do que o formal, e se apresenta como eticidade do singular ou como moralidade, então aqui está o conteúdo do conceito, que na forma ideal é realidade posta como finalidade e intenção, algum dado empírico e apenas a forma vazia do *a priori*. Contudo, não é a parte material da finalidade, mas o seu lado formal, a vontade pura, aquilo que é meu; Eu é ele mesmo a vontade pura. Mas tampouco se deve pensar aqui em uma eticidade verdadeira, a saber, em uma identidade verdadeira do universal e do particular, da matéria e da forma. Porque a vacuidade da vontade pura e do universal são o verdadeiro *a priori*, então o particular é um pura e simplesmente empírico. Seria contraditório dar aqui uma determinação do que é direito e obrigação [*Pflicht*] em si e por si; pois o conteúdo suprime aqui simultaneamente a vontade pura e o dever em virtude do dever e torna o dever algo material. A vacuidade do puro sentimento de dever e o conteúdo se contrapõem constantemente um ao outro. E como a moralidade, para ser pura, não pode ser posta em mais nada senão na forma vazia da consciência, em que sei que ajo em conformidade com a obrigação [*Pflichtmäßig*], então uma eticidade que de resto é pura por si criar para si o conteúdo de seu agir a par-

HEGEL

tir de sua natureza mais elevada, verdadeiramente ética, e | **165**
o complemento desta consciência, onde deve existir apenas o elemento moral, não serve para nada a não ser para
manchar e macular essa eticidade. Quando a subjetividade
é suprimida na verdadeira eticidade, então, ao contrário,
é sabida a aniquilação da subjetividade por meio daquela
consciência moral e, com isso, conservada e salva a subjetividade em seu aniquilar ele mesmo, e a virtude, na medida em que se transforma em moralidade, se torna saber
necessário de sua virtude, isto é, farisaísmo.

Porém, se não é pressuposta eticidade verdadeira,
então, como a moralidade consiste na forma, tem-se a liberdade de elevar todas as contingências morais à forma do
conceito e proporcionar à não-eticidade uma justificação
e uma boa consciência. Os deveres e as leis, já que no
sistema são, como mostrado anteriormente, uma multiplicidade infinita e dispersa, cada uma com igual absolutidade, tornam necessária uma escolha, escolha que é pura e
simplesmente o subjetivo, pois o objetivo, a forma da universalidade, é o que há em comum entre todos eles. Não
se pode pensar em nenhum caso efetivo que não tivesse
vários lados, dos quais, na medida em que alguns deveres são transgredidos, outros são obedecidos — nos quais
não há lados que deveriam valer como deveres, pois cada
intuição de um caso efetivo é determinável infinitamente
por meio do conceito. Se o sentido próprio e contingente,
mau, determina essa escolha, então ele é uma ausência
de eticidade, que todavia se justifica para si mesma por
meio da consciência do lado da ação, da qual ela é dever,
e confere a si uma boa consciência. Mas se o ânimo é por
si suficientemente honesto para querer agir, então se contrapõe a ele a contingência dos deveres, porque eles são
uma multidão, mas nessa multidão o singular se torna um
contingente, e precisa recair naquela triste indecisão e na

A FILOSOFIA FICHTEANA

fraqueza, que consistem no fato de que para o indivíduo só existe contingência e ele não pode nem deve [darf] se criar a partir de si mesmo nenhuma necessidade. Mas se ele se decidir por algum dos muitos deveres, então uma decisão tem sua possibilidade na ausência de consciência sobre a multidão infinita de deveres, nos quais, assim como cada efetivo, o caso efetivo do agir pode se desprender e deve ser livrado do dever como que em infinitas qualidades. O saber dessas qualidades, que fornecem os conceitos de dever, é impossível porque elas são empiricamente infinitas, e, contudo, requerido sem mais como dever. Na medida em que desse modo se torna necessária a ausência de consciência em relação ao âmbito das considerações que ocorrem na ação e na carência do conhecimento exigido, então deve existir a consciência dessa contingência do agir, o que é igual à consciência da imoralidade. A eticidade autêntica é, portanto, maculada pelo acréscimo dessa espécie de consciência à sua conformidade ao dever e, por meio dessa moralidade, tornada não ética, enquanto essa não-eticidade, por meio da consciência de algum dever, que não lhe pode faltar segundo o conceito da coisa, se dá a justificação do não-ético; aos ânimos esforçados e honestos, todavia, se dá a consciência da não-eticidade necessária, a saber, a eticidade em geral sob a forma da contingência do conhecimento, que ela simplesmente não deve ter. E, por isso, essa representação da eticidade como moralidade — na medida em que o verdadeiramente ético é transformado por ela em infâmia e a força em fraqueza, a infâmia todavia justificada como moralidade — passa facilmente da filosofia como ciência para o público em geral e pode se tornar tão prezada.

A realidade do ideal que consideramos até agora era o conteúdo que recebia o ideal vazio da vontade pura. Além desse lado sempre interior, resta ainda o lado exterior do

HEGEL

conceito de finalidade, do qual já vimos como ele possui um conteúdo, a saber, o lado do idealismo formal, segundo o qual se apresenta a supra-sensibilidade até agora prática simultaneamente como fenômeno. Este fenômeno é o todo da ação, em parte intuído na forma empírica, disperso como alteração e efeitos no tempo; em parte, todavia, a realidade do conceito supra-sensível de finalidade deve ser também uma continuação plena de conseqüências da ação no mundo ele mesmo supra-sensível, princípio de uma série de efeitos espirituais — e este último não expressa mais do que a empiria e a temporalidade introduzidas no espiritual ele mesmo, mediante o que o espiritual se torna um reino de espíritos. Pois no verdadeiramente espiritual e na idéia não há nenhuma série nem conseqüências; apenas quando a idéia é primeiramente consumada pelo fato de ser contraposta a uma esfera sensível e colocada como espiritual, e essa esfera espiritual é despedaçada qualitativamente em uma multidão infinita de átomos espirituais, subjetividades como cidadãos de uma coisa que se chama reino dos espíritos, então se pode falar de conseqüências espirituais. O elemento especulativo, que reside no fato de idéia — que de resto se mostra apenas empiricamente como finalidade de um agir de algo afetado pela subjetividade — ser o eterno daquilo que aparece no mundo dos sentidos como uma série de modificações, perde-se assim completamente no excesso por meio da forma de uma esfera absolutamente espiritual, na qual há conseqüências, e do seu oposto, que ela tem diante de um mundo sensível existente ainda fora dela, se cada supra-sensível não fosse ele mesmo já suficientemente sensível. A construção da idéia ética, aqui da finalidade da razão, que deve ser realizada na ordem moral do mundo, em vez de se ater ao ponto de vista filosófico, passa para considerações empiricamente históricas, e a eternidade da idéia ética para um progresso

A FILOSOFIA FICHTEANA

empiricamente infinito. Não há o menor vestígio do especulativo senão na idéia de fé, por meio da qual é posta a identidade do subjetivo e do objetivo, do ideal e do real — uma idéia, contudo, que permanece algo puramente formal; ela serve apenas para saltar dessa vontade vazia e pura para o empírico. O que permanece na base é a finitude absoluta de um sujeito e um agir e, diante dele, um mundo dos sentidos destituído de razão a ser aniquilado, e então um mundo supra-sensível disperso na infinitude de singularidades intelectuais e contraposto absolutamente ao mundo sensível, cuja identidade verdadeira e plena de conteúdo — já que todas essas finitudes são absolutas — é um para-além e não surgiu em nada do que consideramos até agora sobre a eticidade. E como desse modo o Eu é conhecido no sistema como o absoluto, afetado no teórico como um não-Eu, mas no prático pretendendo dissolver essa temporalidade, a idéia-razão da identidade do subjetivo e do objetivo é agora puramente formal e previamente dado para a ciência; então poderia apenas ser demonstrado que foi mostrado naquele prático como essa idéia não é construída, mas está completamente ausente e, ao contrário, não é um entendimento saudável, mas apartado de qualquer saúde, endurecido na superstição da reflexão e inserido numa ciência formal que o denomina sua dedução, da qual aclaramos na filosofia kantiana a esfera subordinada, onde se encontra a especulação, a saber, a idéia da imaginação transcendental e que devemos também seguir naquilo que é para ela ideal, ordem moral do mundo e finalidade da razão, em suas realidades práticas, a fim de mostrar nelas a ausência da idéia.

***

Assim, depois que mediante a totalidade das filosofias consideradas o dogmatismo do ser foi refundido no dogmatismo do pensamento e a metafísica da objetividade na metafísica da subjetividade e, portanto, o dogmatismo

HEGEL

antigo e a metafísica da reflexão se revestiram, por meio dessa revolução completa da filosofia, primeiramente apenas com a cor do interior ou da cultura nova e transitória, a alma como coisa se transformou em Eu, como razão prática em absolutidade da personalidade e da singularidade do sujeito — o mundo, todavia, no sistema de fenômenos ou afecções do sujeito e efetividades cridas —, o absoluto como um objeto [*Gegenstand*] e o objeto [*Objekt*] absoluto da razão em um para-além absoluto do conhecimento racional, esta metafísica da subjetividade, enquanto outras formas da mesma inclusive não podem ser creditadas a essa esfera, atravessa o ciclo consumado de suas formas na filosofia kantiana, jacobiana e fichteana e, portanto, aquilo que deve ser contado conforme o lado da cultura, a saber, o pôr absoluto das dimensões singulares da totalidade e a elaboração de cada uma delas em um sistema, deve ser apresentado de modo acabado e, com isso, chegou ao termo o configurar. Assim, aqui é inserida imediatamente a possibilidade exterior de que a filosofia verdadeira, surgindo desta formação e aniquilando a absolutidade das finitudes da mesma, com todo o seu reino subordinado à totalidade, apresente-se simultaneamente como manifestação acabada. Pois assim como a perfeição da bela arte é condicionada pela perfeição da habilidade mecânica, então também a manifestação plena da filosofia é condicionada pela consumação da formação, e essa consumação foi alcançada.

A conexão imediata destas formações filosóficas com a filosofia — uma conexão de que a filosofia jacobiana é carente em maior grau — e o seu lugar positivo, verdadeiro, mas subordinado na mesma, se torna claro a partir daquilo que em seu momento vimos por ocasião dessas filosofias sobre a infinitude, que é princípio feito absoluto e, desse modo, princípio preso à contraposição com a finitude, na

A FILOSOFIA FICHTEANA

medida em que nas mesmas o pensamento é reconhecido como infinitude e lado negativo do absoluto — lado que é pura aniquilação da oposição ou da finitude, mas simultaneamente também a fonte do movimento eterno ou da finitude, que é infinita, isto é, que se aniquila eternamente, de cujo nada e da noite pura da infinitude se eleva a verdade como a partir de um abismo secreto, que é o seu lugar de nascimento.

Já que para o conhecimento este significado negativo do absoluto ou a infinitude são condicionados pela idéia positiva de que o ser não está fora do infinito, do Eu, do pensamento, mas ambos são um único, então, em parte, não havia nada a evitar nestas filosofias da reflexão a não ser que a infinitude, o Eu, não se fixe novamente nesse ponto e se torne subjetividade, como aconteceu nelas, em vez de passar diretamente para o positivo na idéia absoluta, por meio do que recai novamente na antiga oposição e em toda a finitude da reflexão, que anteriormente tinha combatido; em parte, a infinitude e o pensamento, que se fixam como Eu e sujeito e obtêm, desse modo, diante de si o objeto ou o finito, portanto, encontrando-se, por um lado, no mesmo estágio deles e, por outro lado, porque seu caráter interior é negação, indiferença, são mais próximos do absoluto do que o finito, e assim também a filosofia da infinitude está mais próxima da filosofia do absoluto do que a da finitude.

O conceito puro ou a infinitude como abismo do nada, em que imerge todo o ser, deve descrever em sua pureza, como momento da idéia suprema, e apenas como momento, a dor suprema que esteve antes historicamente apenas na cultura e como sensação em que se funda a religião da época moderna — a sensação de que Deus ele mesmo está morto (o que foi, por assim dizer, empiricamente expresso por Pascal: *"la nature est telle qu'elle* marque *partout un* Dieu perdu *et dans l'homme et hors de*

HEGEL

l'homme"[3]) —, e fornecer assim uma existência histórica
àquilo que era de algum modo ou preceito moral de um sa-
crifício do ser empírico ou o conceito de abstração formal
e, portanto, restabelecer para a filosofia a idéia da absoluta liberdade e, desse modo, o sofrimento absoluto ou a
sexta-feira santa especulativa, que foi além disso histórica
e a partir de cuja rigidez apenas pode e deve ressuscitar a
suprema totalidade em toda a sua seriedade e desde a sua
base mais profunda, ao mesmo tempo abarcando tudo na
sua forma da liberdade mais serena.

[3] "A natureza é constituída de tal modo, que ela aponta em todos os
lugares, tanto dentro quanto fora do homem, para um Deus perdido." Pascal,
Pensamentos, 441.

COLEÇÃO DE BOLSO HEDRA

1. *Iracema*, Alencar
2. *Don Juan*, Molière
3. *Contos indianos*, Mallarmé
4. *Auto da barca do Inferno*, Gil Vicente
5. *Poemas completos de Alberto Caeiro*, Pessoa
6. *Triunfos*, Petrarca
7. *A cidade e as serras*, Eça
8. *O retrato de Dorian Gray*, Wilde
9. *A história trágica do Doutor Fausto*, Marlowe
10. *Os sofrimentos do jovem Werther*, Goethe
11. *Dos novos sistemas na arte*, Maliévitch
12. *Mensagem*, Pessoa
13. *Metamorfoses*, Ovídio
14. *Micromegas e outros contos*, Voltaire
15. *O sobrinho de Rameau*, Diderot
16. *Carta sobre a tolerância*, Locke
17. *Discursos ímpios*, Sade
18. *O príncipe*, Maquiavel
19. *Dao De Jing*, Laozi
20. *O fim do ciúme e outros contos*, Proust
21. *Pequenos poemas em prosa*, Baudelaire
22. *Fé e saber*, Hegel
23. *Joana d'Arc*, Michelet
24. *Livro dos mandamentos: 248 preceitos positivos*, Maimônides
25. *O indivíduo, a sociedade e o Estado, e outros ensaios*, Emma Goldman
26. *Eu acuso!*, Zola — *O processo do capitão Dreyfus*, Rui Barbosa
27. *Apologia de Galileu*, Campanella
28. *Sobre verdade e mentira*, Nietzsche
29. *O princípio anarquista e outros ensaios*, Kropotkin
30. *Os sovietes traídos pelos bolcheviques*, Rocker
31. *Poemas*, Byron
32. *Sonetos*, Shakespeare
33. *A vida é sonho*, Calderón
34. *Escritos revolucionários*, Malatesta
35. *Sagas*, Strindberg
36. *O mundo ou tratado da luz*, Descartes
37. *O Ateneu*, Raul Pompeia
38. *Fábula de Polifemo e Galateia e outros poemas*, Góngora
39. *A vênus das peles*, Sacher-Masoch
40. *Escritos sobre arte*, Baudelaire
41. *Cântico dos cânticos*, [Salomão]
42. *Americanismo e fordismo*, Gramsci
43. *O princípio do Estado e outros ensaios*, Bakunin
44. *O gato preto e outros contos*, Poe
45. *História da província Santa Cruz*, Gandavo
46. *Balada dos enforcados e outros poemas*, Villon
47. *Sátiras, fábulas, aforismos e profecias*, Da Vinci
48. *O cego e outros contos*, D.H. Lawrence

49. *Rashômon e outros contos*, Akutagawa
50. *História da anarquia (vol. 1)*, Max Nettlau
51. *Imitação de Cristo*, Tomás de Kempis
52. *O casamento do Céu e do Inferno*, Blake
53. *Cartas a favor da escravidão*, Alencar
54. *Utopia Brasil*, Darcy Ribeiro
55. *Flossie, a Vênus de quinze anos*, [Swinburne]
56. *Teleny, ou o reverso da medalha*, [Wilde et al.]
57. *A filosofia na era trágica dos gregos*, Nietzsche
58. *No coração das trevas*, Conrad
59. *Viagem sentimental*, Sterne
60. *Arcana Cœlestia e Apocalipsis revelata*, Swedenborg
61. *Saga dos Volsungos*, Anônimo do séc. XIII
62. *Um anarquista e outros contos*, Conrad
63. *A monadologia e outros textos*, Leibniz
64. *Cultura estética e liberdade*, Schiller
65. *A pele do lobo e outras peças*, Artur Azevedo
66. *Poesia basca: das origens à Guerra Civil*
67. *Poesia catalã: das origens à Guerra Civil*
68. *Poesia espanhola: das origens à Guerra Civil*
69. *Poesia galega: das origens à Guerra Civil*
70. *O chamado de Cthulhu e outros contos*, H.P. Lovecraft
71. *O pequeno Zacarias, chamado Cinábrio*, E.T.A. Hoffmann
72. *Tratados da terra e gente do Brasil*, Fernão Cardim
73. *Entre camponeses*, Malatesta
74. *O Rabi de Bacherach*, Heine
75. *Bom Crioulo*, Adolfo Caminha
76. *Um gato indiscreto e outros contos*, Saki
77. *Viagem em volta do meu quarto*, Xavier de Maistre
78. *Hawthorne e seus musgos*, Melville
79. *A metamorfose*, Kafka
80. *Ode ao Vento Oeste e outros poemas*, Shelley
81. *Oração aos moços*, Rui Barbosa
82. *Feitiço de amor e outros contos*, Ludwig Tieck
83. *O corno de si próprio e outros contos*, Sade
84. *Investigação sobre o entendimento humano*, Hume
85. *Sobre os sonhos e outros diálogos*, Borges — Osvaldo Ferrari
86. *Sobre a filosofia e outros diálogos*, Borges — Osvaldo Ferrari
87. *Sobre a amizade e outros diálogos*, Borges — Osvaldo Ferrari
88. *A voz dos botequins e outros poemas*, Verlaine
89. *Gente de Hemsö*, Strindberg
90. *Senhorita Júlia e outras peças*, Strindberg
91. *Correspondência*, Goethe — Schiller
92. *Índice das coisas mais notáveis*, Vieira
93. *Tratado descritivo do Brasil em 1587*, Gabriel Soares de Sousa
94. *Poemas da cabana montanhesa*, Saigyō
95. *Autobiografia de uma pulga*, [Stanislas de Rhodes]
96. *A volta do parafuso*, Henry James
97. *Ode sobre a melancolia e outros poemas*, Keats
98. *Teatro de êxtase*, Pessoa
99. *Carmilla — A vampira de Karnstein*, Sheridan Le Fanu

100. *Pensamento político de Maquiavel*, Fichte
101. *Inferno*, Strindberg
102. *Contos clássicos de vampiro*, Byron, Stoker e outros
103. *O primeiro Hamlet*, Shakespeare
104. *Noites egípcias e outros contos*, Púchkin
105. *A carteira de meu tio*, Macedo
106. *O desertor*, Silva Alvarenga
107. *Jerusalém*, Blake
108. *As bacantes*, Eurípides
109. *Emília Galotti*, Lessing
110. *Contos húngaros*, Kosztolányi, Karinthy, Csáth e Krúdy
111. *A sombra de Innsmouth*, H.P. Lovecraft
112. *Viagem aos Estados Unidos*, Tocqueville
113. *Émile e Sophie ou os solitários*, Rousseau
114. *Manifesto comunista*, Marx e Engels
115. *A fábrica de robôs*, Karel Tchápek
116. *Sobre a filosofia e seu método — Parerga e paralipomena (v. ii, t. i)*, Schopenhauer
117. *O novo Epicuro: as delícias do sexo*, Edward Sellon
118. *Revolução e liberdade: cartas de 1845 a 1875*, Bakunin
119. *Sobre a liberdade*, Mill
120. *A velha Izerguil e outros contos*, Górki
121. *Pequeno-burgueses*, Górki
122. *Um sussurro nas trevas*, H.P. Lovecraft
123. *Primeiro livro dos Amores*, Ovídio
124. *Educação e sociologia*, Durkheim
125. *Elixir do pajé — poemas de humor, sátira e escatologia*, Bernardo Guimarães
126. *A nostálgica e outros contos*, Papadiamántis
127. *Lisístrata*, Aristófanes
128. *A cruzada das crianças/ Vidas imaginárias*, Marcel Schwob
129. *O livro de Monelle*, Marcel Schwob
130. *A última folha e outros contos*, O. Henry
131. *Romanceiro cigano*, Lorca
132. *Sobre o riso e a loucura*, [Hipócrates]
133. *Hino a Afrodite e outros poemas*, Safo de Lesbos
134. *Anarquia pela educação*, Élisée Reclus
135. *Ernestine ou o nascimento do amor*, Stendhal
136. *A cor que caiu do espaço*, H.P. Lovecraft
137. *Odisseia*, Homero
138. *O estranho caso do Dr. Jekyll e Mr. Hyde*, Stevenson